회계사가 말하는

회계사

기획 & 진행   강동효 서울경제신문 기자

지은이들   강성원 한국공인회계사회 회장·삼정KPMG 부회장 | 김도연 언스트앤영한영회계법인 회계사 | 정회림 KPMG삼정회계법인 회계사 | 강경모 딜로이트안진회계법인 회계사 | 박서욱 한성회계법인 이사 | 신원철 신원철세무회계사무소 대표 | 서준혁 금융회사 전략기획실 경영전략팀 | 양우정 한국예탁결제원 권리관리부 채권권리팀 대리 | 최영윤 대검찰청 중앙수사부 첨단범죄수사과 계장 | 추현옥 금융감독원 총무국 선임조사역 | 김병환 언스트앤영한영회계법인 전무이사 | 유기석 KPMG삼정회계법인 전무이사 | 서윤경 언스트앤영한영회계법인전무이사 | 김영석 KB금융지주 회계부장 | 이재은 홍익대 경영대학 교수 | 강동효 서울경제신문 기자 (이상 원고 게재 순)

회계사가 말하는 회계사

2013년 3월 29일 초판 1쇄 발행
2026년 2월 1일 초판 7쇄 발행

지은이 강성원 외 15인
펴낸곳 부키(주) | 펴낸이 박윤우
등록일 2012년 9월 27일 | 등록번호 제312-2012-000045호
주소 서울시 마포구 양화로 125 경남관광빌딩 7층
전화 02) 325-0846 | 팩스 02) 325-0841
홈페이지 www.bookie.co.kr | 이메일 webmaster@bookie.co.kr
제작대행 올인피앤비 bobys1@nate.com
ISBN 978-89-6051-292-4 14300
ISBN 978-89-85989-61-9(세트)

부키 전문직 리포트 **16**

회계사가 말하는
회계사

15명의 회계사들이
솔직하게 털어놓은
회계사의 세계

부·키

회계사란 누구인가

| 강성원 |

서울대 상대를 졸업하고 고려대 경영대학원 석사를 거쳐 단국대에서 박사학위를 받았다. 1971년 제10회 행정고시에 합격해 중부지방국세청 소득세 과장, 속초세무서장, 마산세무서장을 거친 뒤 1986년 안권회계법인에 공동대표로 입사하면서 회계업계에 첫발을 디뎠다. 이후 1995년 안건회계법인 대표이사를 거쳐 2000년부터 2007년까지 KPMG삼정회계법인 대표이사를 지냈다. 현재 삼정KPMG 부회장, 기획재정부 조세법령개혁추진위원회 위원, 세제발전심의위원회 위원 등을 지내면서 2012년 제41대 한국공인회계사회 회장으로 취임해 활동 중이다.

대학을 졸업하자마자 국세청 사무관으로 일하다가 십수 년이 지난 1986년, 나는 회계사로서 회계법인에서 일을 시작했다. 서른아홉 늦은 나이에 공인회계사 시험에 합격하고 새로운 직업을 갖게 된 것이다. 보다 창의적이고 도전적인 일을 하고 싶었는데, 마침 모 회계법인의 대표직을 제안받고 회계사의 길을 걷겠다고 결심하게 됐다. 회계법인 대표로 근무하려면 공인회계사 자격증은 있어야겠기에, 불혹을 바라보는 나이에 당시 어렵기로 소문난 공인회계사 시험을 준비했었다. 이제 그 후로도 어느덧 스물여섯 해가 지나고, 현재 삼정KPMG의 부회장으로서, 그리고 한국공인회계사회 회장으로서 여전히 바쁜 나날을 보내고 있다.

사람들은 마치 내가 날 때부터 회계사였던 것 같다고 말하곤 한다.

그런데 정말 그런 걸까? 나의 어떤 면모가 그렇게 보였을까? 그리고 과연 회계사란 누구일까? 이번 기회에 나름의 생각을 정리해 보았다.

회계사, 비즈니스 언어의 전문가

단도직입적으로 나는 회계사란 "기업 또는 조직(entity)의 언어(회계)를 다루는 전문가"라고 정의한다. 회사나 기관이 그 자체의 성과와 현황을 비롯해 모든 것에 대해 외부와 소통할 수 있는 언어의 기능을 하는 것이 '회계'이고, 이와 관련된 일을 수행하는 전문가가 '회계사'이다. 기업*은 재무제표로 대표되는 계량화된 정보를 통해 성과와 현재 상태 등에 대해 내부의 경영진은 물론 투자자, 감독기구와 의사소통을 한다. 이때 관련 정보의 생산 과정에 참여해 다른 기업이 생산한 정보를 해석하고, 이 정보를 토대로 그에 합당한 세금을 산정하며, 그 모든 정보의 적정성 여부를 평가하는 일을 담당하는 사람이 회계사라는 뜻이다.

지난해 세계적으로 선풍적인 인기를 끌며 월드스타가 된 '강남 스타일'의 싸이를 예로 들어 보자. 그는 세계 무대에서 노래하고 춤추면서 외화를 벌어들이고 있고, 회계사가 없이도 공연 및 음반 발매 등 생산 활동을 하는 데 아무런 문제가 없어 보인다.

그런데 이렇게 생각해 보자. 어느 날 뉴욕의 한 공연기획사에서 싸이에게 공연을 의뢰했다고 치자. 이때 싸이는 출연료로 얼마를 받는 것

* 여기서의 '기업'은 영리를 목적으로 하는 기업뿐만 아니라 비영리 기관을 포함해 모든 조직을 대표하는 실체(entity)를 통칭한다.

이 합당할까? 노래 열 곡을 부르는 데 드는 물리적인 시간인 한 시간 남짓에 대하여 어떤 기준과 절차를 거쳐 가격을 산정해야 하는지를 결정하기란 그리 간단한 일이 아니다. 이러한 가격 결정은 기본적으로 수요와 공급이라는 경제학적 원리에서 출발하며, 수요와 공급을 이해하기 위해서는 이를 둘러싼 제반 환경을 파악해야 한다. 싸이의 기획사 경영진은 이를 잘 알고 있을 것이다.

그러면 싸이가 속한 기획사의 경영진과 뉴욕의 공연기획사가 만나서 이 문제를 합리적으로 해결할 수 있을까? 만약 이들이 서로 똑같은 언어로 정직하게 신의, 성실의 원칙 아래 협상한다면 이상적인 결론에 도달할 수도 있을 것이다. 그렇지만 현실에서 이들은 영어와 한국어라는 서로 다른 언어로 의사소통을 해야 하고, 공연의 성과 등에 대해 서로 다른 논리에 따라 숫자를 산출하며, 때로는 이를 자기 쪽에만 유리하게 적용하려 할지도 모른다. 그 때문에 이러한 모든 과정에서 이상적인 결론에 도달하려면 회계사가 필요하다.

회계사는 합리적인 가격을 제시하고, 상대방의 제안을 검토하며, 나아가 공연 티켓 가격이 얼마로 책정되어야 하는지에 대해서까지도 타당성을 부여할 수 있도록 시장 상황을 계량화하고 검증함으로써 의사소통을 가능하게 한다. 즉 회계사가 이 과정에 개입함으로써 공연의 대가에 관한 구체적인 숫자를 산출하기도 하고, 거래 상대가 제시한 자료의 적정성을 검증하며, 이를 통해 최종 의사 결정에 영향을 미친다. 그래서 회계사를 '비즈니스 언어의 전문가'라고 하는 것이다. 물론 이러한 거래에서 회계사가 숫자에 대한 전문가로서 모든 것을 해결한다는 뜻은 아니다. 그러나 이러한 모든 숫자에 회계사들이 개입될 때 시장의 모든 비즈니스 정보는 보다 믿을 수 있는 정보로 재탄생한다.

회계사를 통하면 답이 보인다

이렇게 계량화된 언어를 통하여 시장 참여자들 간에 의사를 소통시키는 역할을 수행하는 것이 회계사의 업무 중 가장 큰 비중을 차지하는 컨설팅이다. 다시 말해 회계사는 회계라는 전문 지식을 이용해 시장 상황을 파악한 다음에 고객인 기업이 문제를 해결할 수 있도록 상담하고 도와주는 일을 한다.

나는 종종 유경환 시인의 「낙산사 가는 길 3」을 읊으며, 회계사가 컨설턴트로서 기업의 상황을 진단하고 평가하는 등의 일을 어떻게 수행하는지 후배 회계사들에게 설명한다. 워낙 시를 좋아하기도 하지만, 시와 회계는 공통점이 있다고 생각한다. 시에서 행간의 숨은 뜻을 이해하려고 노력하듯, 회계는 숫자 속에 담긴 기업가치의 속뜻을 볼 줄 알아야 하기 때문이다.

세상에
큰 저울 있어

저 못에 담긴
고요
달 수 있을까

산 하나 담긴
무게
달 수 있을까

달 수 있는

하늘 저울

마음일 뿐.

컨설팅 업무를 수행할 때 저울의 역할을 하는 회계사를 상상해 보라. "산의 무게와 호수에 담긴 고요"까지도 측정하려고 하는 것이 회계사인 것이다.

시장경제에서 회계사가 개입하는 영역이 이렇게 광범위하다 보니 회계사가 어떤 사람인지를 정의하는 것은 쉽지 않다. 또 주로 기업이나 조직을 다루다 보니, 의사나 변호사와는 달리 대부분의 사람들은 직접 회계사를 만나 회계 문제를 논할 일도 없어서 회계사를 다가가기 힘든 전문가 집단이라고 생각한다. 그러나 회계사는 비즈니스 언어, 즉 기업 언어의 전문가로서 단순히 정보의 생산과 해석에만 관여하는 것이 아니라 그 정보가 거짓이 없는 진실된 것인지 검증하는 역할을 한다. 이것이 바로 공인회계사가 수행하는 감사 및 인증 업무이다. 이를 통해 개인들은 공인회계사 업무 수행 결과의 수혜자로서 공인회계사와 만나게 된다.

세상이 복잡해질수록 회계사는 빛을 발한다

영화배우 제레미 아이언스가 주인공을 맡고 그 스케일 또한 장대해서 더욱 유명해진 미국 드라마 〈보르지아(The Borgias)〉에 회계 관련 이야기가 등장한다. 이 드라마는 중세 로마를 배경으로 보르지아 가문의 이야기를 다루고 있는데, 어느 날 알렉산더 6세가 천민들의 어려운 생활상을 직접 보고, 교회가 특정 추기경에게 집행을 위탁한 빈민 구제 헌금이 제대로 쓰이지 않고 있다고 생각한다. 그는 측근에게 헌금의 집행을 복식부기로 기록하도록 하고 이를 조사하게 한다.

이 이야기는 '회계학의 아버지'라고 불리는 사제 루카 파치올리(Luca Pacioli)를 떠올리게 하는데, 회계의 발달이 사회의 발달과 어떻게 연계되는지 생각할 수 있게 하는 좋은 예이다. 즉 한 사람의 사제에 의해 모든 일이 이루어지던 시절과 다르게 교회의 역할이 복잡하게 세분화되기 시작하자 회계와 감사의 필요성이 증대되었고, 그에 따라 회계가 자연스럽게 발전한 것이다.

실제로 세상이 전문화되고 세분화될수록 따라 회계사의 역할은 더욱 중요해지고 그 수요는 더욱 많아지고 있다. 그러면 지금부터 우리 주변의 회계에 대해 이야기해 보자.

엄마 혼자서 모든 것을 다 처리할 수 있는 우리 집 가계부는 굳이 기업언어의 전문가인 회계사가 작성하지 않아도 되고 회계사의 감사를 필요로 하지도 않는다. 자, 그런데 이제 엄마가 여유 자금으로 어떤 회사의 채권을 산다거나 주식에 투자한다고 하면 어떨까? 엄마는 어떤 근거로 좀 더 나은 투자 대상을 판단할 것인가?

'묻지 마 투자'가 아니라면, 엄마는 증권회사에서 발표하는 분석보고서를 통해 적절한 투자 대상을 결정할 것이다. 이 분석보고서의 토대가 되는 회사 정보의 신뢰성을 검증하는 역할을 하는 사람이 바로 공인회계사이다.(물론 회사에 컨설팅을 제공하여 외부와 소통할 수 있도록 이 정보를 해석하는 애널리스트로서의 회계사들도 있다.)

설령 투자를 하지 않는다 하더라도, 아침에 눈을 뜨고 다시 잠자리에 들 때까지 우리가 알게 모르게 하고 있는 모든 경제활동의 근간에 회계사가 필요하다. 아버지가 낸 세금이 나라에서 공공 정책을 수립하고 집행하는 데 잘 쓰이고 있는지, 학교 등록금이 어떤 식으로 집행되고 있는지, 내가 좋아하는 연예인이 기획사로부터 착취를 당하고 있는 것은 아닌지 등등 이 모든 것들을 이해하는 데 회계사가 가진 능력은 매우 유용하게 쓰인다.

이렇게 이야기하다 보니, 회계사가 마치 약장수처럼 느껴진다. 만병통치약을 파는 약장수! 그러나 백번을 양보해도 이것이 완전히 허풍만은 아니다. 고품질의 진실한 회계 업무 수행 결과는 많은 곳에서 진가를 발휘하기 때문이다. 회계업 자체가 먹거리를 창출하지는 않지만, 사회 전반의 투명성을 제고해 나갈 수 있기 때문에 회계사는 우리 사회에 반드시 필요하며 고도로 전문화된 사회에서는 더욱 그러하다. 실제로 회계감사, 세무대리, 경영자문전문가인 공인회계사는 기업 등 조직의 재무정보를 감시함으로써 이해 관계자를 보호하는 공익적인 역할을 수행하며 이를 통해 건전한 국가경제 발전에 기여한다. 즉 회계사는 전문성과 공익성을 둘 다 갖춘 전문 직업인인 것이다.

그런데 감사인으로서 회계사는 다수의 다양한 이해 관계자를 대신해서 일하기 때문에 아주 중요함에도 불구하고 직접 스포트라이트를 받는 경우는 매우 드물다. 마치 우리 주변의 물과 공기같이 말이다. 감사 결과에 직접적인 영향을 받는 이해 관계자인 회사에게는 사활을 걸 만큼 중요하더라도 그러한 감사가 가져온 결과로 혜택을 보는 사람(다수의 투자자 등)을 식별해 내는 것은 쉽지 않음을 이야기하고자 하는 것이다. 그래서 종종 회계사는 잘한 업무로 평가되기보다 잘못한 업무 수행에 대해서만 집중적인 비난을 받는다. 왜냐하면 공공성을 망각한 공인회계사의 업무 수행은 자본주의 경제의 근간을 위협할 수 있기 때문이다.

우리나라 경제의 발전과 회계사의 비전

1997년 말 불어닥친 외환위기로 우리나라가 IMF 구제금융을 받은 것은 단순한 외화자금 조달을 넘어 우리나라 역사상 한 획을 긋는 사건이 되었다. 이로 인한 제도의 변화들은 사소했지만 종국에는 마치 나비 효과와 같이 전혀 예상치 못한 큰 영향을 미쳤다. 우리 회계업계도 예외는 아니어서 외환위기 사태를 기점으로 엄청난 변화가 있었다.

그전까지만 해도 회계사는 주로 감사와 세무조정을 수행하였다. 이 때문에 대부분의 회사의 결산 기일인 12월 말부터 감사보고서가 확정되는 주주총회일(보통 익년 3월 말)과 그 이후에 법인세를 신고하는 날까지 회계사들은 그야말로 정신없이 바빴다. 이렇게 3~4개월에 걸쳐 집중된 회계사들의 업무 주기를 빗대어 "메뚜기도 한철"이라고 말했다. 심지어 감사 시즌 때마다 잦은 야근과 회식 등으로 아침에 집으로 들어가고 해가 중천에 뜨면 출근하는 회계사를, 동네 아이가, "밤늦도록 라디오로 지령을 듣고 낮에 움직이는 간첩"으로 오해하여 의심의 눈초리로 지켜본다는 우스갯소리도 있었다.

그러나 이러한 상황은 1997년 외환위기를 기점으로 백팔십도 달라졌다. 회계사들이 일 년 열두 달 눈코 뜰 새 없이 바빠진 것이다. 급격히 상황이 악화된 많은 기업들을 감사하는 데 있어, 회계사들이 적절한 증거를 확보하기가 예년보다 더 많은 시간이 걸리고 어려워졌을 뿐만 아니라 시중 은행 등 금융권의 구조조정 작업을 필두로 파산 기업의 회생조치 등의 업무가 쏟아지기 시작했다. 회계사의 업무는 더 이상 감사에만 집중되지 않았으며, 감사를 수행함에 있어서도 일정 기간에만 집중적으로 감사하는 과거의 방식은 더 이상 유용하지 않게 되었다.

회사, 투자자, 감독기관 등 모든 경제주체가 위기에 대한 보다 효과적인 대처 방안을 연구하기 시작했고, 그와 함께 회계전문가에 대한 수요가 폭발하였다. 특히 우리 자본시장이 해외 투자자들에게 개방되면서 투자자와 의사소통을 하는 데 있어 기본 원칙이라고 할 수 있는 회계기준 등이 국제적인 수준으로 복잡해지고 세세하게 변하기 시작했다. 현재 3000쪽에 달하는 『기업회계기준』이 1997년 이전에는 90쪽 남짓한 작은 책이었으니, 그 변화가 얼마나 컸는지 가히 짐작이 될 것이다. 더 나아가 기업들은 사업의 위험 관리를 위해 경제 상황을 분석할 수 있는, 역량 있는 회계사를 찾기 시작했다. 이러한 수요의 증가로 회계사 또한 외환위기 직전이던 1997년 4795명에서 현재는 1만 8177명(2012년 말 수습회계사 포함 기준)에 이르게 되었다.

보통 사람들에게 회계사는 아직도 감사인이다. 그러나 회계사는 단순히 감사만 수행하는 사람이 아니다. 역사적으로 회계사는 감사 업무를 수행하면서 등장했지만, 고도로 분화된 오늘날에는 의사소통을 위한 컨설턴트로서의 역할이 점점 더 중요해지고 있다.

회계사는 기업의 일정 기간 동안의 성과와 현 상태 관련 재무정보를 생산하고 이를 객관적으로 검증하는 감사인의 능력을 기본으로 갖추고 있기에 다양한 분야에서 빛을 발하고 있다. 예컨대 기업 IT 시스템을 구축할 때 기업언어를 이해하는 회계사가 필요하고 다양한 기업활동에 대한 컨설턴트로서의 회계사가 필요하다. 더 나아가 최근 전 세계적으로 이슈가 되고 있는 환경문제에 대해서도 회계사가 할 일이 있다. '교토의정서'에 의한 온실가스 감축 의무를 예로 들어 보자. 이미 해외 여러 나라에서는 기업들이 규제 기준 이상으로 온실가스를 배출하게 되면 교토의정서에 따른 온실가스 감축 의무를 이행하기 위해 규제 기준보다 덜 배출한 기업으로부터 탄소배출권을 매입하는 배출권 거래 제도를 실시하고 있다. 이 제도가 2015년부터는 우리나라에도 도입될 예정이며, 이때 온실가스 배출량의 보고, 검증, 인증에 있어 회계사의 역할이 필요할 것이다. 이렇듯 계량화된 정보를 다루는 모든 분야에서 회계사는 매우 중요하고 다양한 역할을 하게 될 것이다.

그뿐 아니다. 공익을 보호하기 위해 회계사의 재능이 사회적으로 이용될 수도 있다. 기업과 영리 분야에 대한 회계감사는 직접적인 이해 관계자에게도 영향을 끼치지만 신뢰할 수 있는 투명한 경제 기반을 만든다는 점에서 의무 사항이다. 그러나 그 외 나머지 분야는 아직 그렇지 않다. 사회 전반의 투명성을 높이기 위해서는 회계사의 재능을 활용해야 한다. 예를 들어 초등학생에 대한 경제 교육, 비영리 단체에 대한 회계 멘토링, 영세한 중소기업에 대한 경영 컨설팅 지원 등 공익을 위해 회계사의 재능은 여러모로 사용될 수 있다. 더불어 기업언어의 전문가인 회계사가 진정한 '공인'회계사로서 거듭나기 위해서는 회계사의 역할에 전문가 이상의 '공공 가치'를 부여해 그것을 소중히 여기는 사회 전반의 인식 전환이 필요하다.

거듭 말하건대, 앞으로 사회는 더욱 분화하고 복잡하게 발전할 것이다. 그리고 이때 발생되는 정보의 비대칭성을 완화시키면서 그 정보를 공유할 수 있게 하는 '비즈니스 언어의 전문가' 회계사의 가치는 더욱 빛을 발할 것이다.

새내기 회계사의 고군분투

1장

헬프 미(Help me)? 헬 미(Hell me)?

| 김도연 |

2006년 연세대 상경계열 경영학과를 졸업하고 2007년부터 2009년까지 공군장교로 근무했다. 2011년 제46회 공인회계사 시험에 합격했으며 현재 언스트앤영한영회계법인 감사본부에서 근무하고 있다.

공인회계사 시험의 합격자 발표는 항상 목요일이다. 1차, 2차 시험 모두 그렇다. 정식 발표는 금요일이지만 전날 오후 5시 정도면 금융감독원은 합격자 명단을 공개한다. 2011년 9월 1일 목요일, 나는 수많은 수험생 가운데 한 사람으로서 당당히 시험에 합격해 공인회계사가 되었다. 합격자 명단에 내 이름이 있는 것과 없는 것의 차이는 크다. 너무나 크다. 합격자 명단에서 내 이름을 확인하는 순간, 길고 외로웠던 지난 수험 생활은 어느새 아련해지고 앞으로 펼쳐질 멋진 미래의 모습이 성큼 다가왔다.

부모님께 큰절을 올리고 속으로 외쳤다.

'아름다운 밤이에요!'

'언스트앤영한영' 막차를 타다

나는 세 과목 유예생이었고 다른 수험생에 비해 나이도 많은 편이었기 때문에 2차 시험 후 실시된 사전 면접에서 좋은 결과를 얻지 못했다. 하지만 다 잘될 거라는 선배들의 말만 믿고 합격자 발표 후에도 회계법인 입사에 대해 크게 걱정하지 않았다.

공인회계사 발표 다음 날, 나는 모교에서 주최한 '공인회계사의 밤' 행사에 참석해 동문들과 함께 합격의 기쁨을 만끽했다. 그곳에서도 회계법인의 리쿠르팅이 알음알음 진행됐지만 별반 신경 쓰지 않았다. '그래도 회계사 합격자인걸. 연락이 오겠지.'라는 생각이었다.

그러나…

아뿔싸! 완벽한 나의 착각이었다. 나중에 알고 보니 회계법인의 리쿠르팅은 사전 면접으로 거의 완료되고, 일부 결원에 대해서만 공인회계사 합격자 발표 후에 충원하는 식으로 진행됐던 것이다. 위기감을 느낀 나는 발표 그다음 주 월요일부터 적극적으로 입사 지원에 나섰고, 다행히 언스트앤영한영에 막차를 타듯 입사할 수 있었다.

운명이었을까…. 회사의 전체적인 분위기가 마음에 들었고 회사 위치와 건물도 모두 마음에 들었다. 입사 2년이 지난 지금도 이 생각은 변함이 없다.

!!! 회계법인 입사를 준비하는 수험생들은 2차 시험에 이어 진행되는 사전 면접에 반드시 응하길 바란다. 더불어 입사를 원하는 회계법인에 적극적으로 입사 지원하기를! 아슬아슬하게 막차에 올라탄 선배의 애정 어린 조언이다.

졸음과의 한판 전쟁이 된 사내 연수

입사가 결정되고 나서 한숨 돌릴 틈도 없이 곧바로 직무 연수가 시작되었다. 연수는 입사 후 3일간 여의도 본사에서 받았는데, 회사에 대한 전반적인 소개와 기타 행정 처리를 위한 교육이 주 내용이었다. 그리고 본격적인 실무 교육은 이후에 해외 연수로 진행될 예정이었다.

120여 명의 입사 동기가 여의도 본사 강당에 자리하자마자 대표이사 이하 각 본부 대표급 파트너들이 차례로 들어오고 잠시 후 강연과 설명이 이어졌다. 언스트앤영 글로벌 기업으로서 언스트앤영한영의 지향점은 어떠하고 그 조직 구조는 어떠하고 근무 시간은 어떻게 입력하며 경비 청구는 어떤 방식으로 이루어지는지 등등에 대한 세세한 행정 업무까지…. 간이 탁상 위의 메모지와 필기구가 흐릿해지는가 싶더니만 스르르 졸음이 쏟아졌다. 시험 합격의 기쁨 뒤에 오는 피로감에 수험 생활 동안 지겹도록 들었던 강의에 대한 기억이 보태져 집중하기가 쉽지 않았다. 멍하니 앉아 있는 신입 회계사들이 걱정됐는지, 강사들이 강의 중간중간 "무슨 말인지 모르겠죠? 하다 보면 다 돼요."라며 추임새를 넣어 줬는데, 덕분에 우리들은 완전히 무장 해제돼 겨우 남아 있던 긴장감마저 모두 풀려 버렸다.

동기들의 관심사는 오로지 사내 연수 후의 추석 연휴와 뒤이어 진행될 9박 10일의 해외 연수뿐이었다. 3일간의 사내 연수가 끝나고 나와 동기들은 회사에서 준 추석 선물을 하나씩 들고 집으로 향했다.

예전에는 2차 시험 합격자 발표가 추석 이후에 있었다고 한다. 그러다 발표일이 점점 당겨져서 최근에는 추석 전에 합격자 발표가 난다. 산이 높으면 골이 깊다고 했던가. 낙오자에게 명절은 한없이 즐거운 날

임에도 불구하고 너무나도 괴로운 날이었다. 하지만 합격 후 맞는 추석은 지난 낙방의 슬픔마저 기쁘게 추억하게 했다.

가장 소중한 자산은 동기들

언스트앤영한영은 신입 공인회계사 연수를 필리핀으로 간다. 과거에는 간혹 국내 연수로 대체하기도 했지만 현재는 글로벌 마인드를 강화하기 위해 해외 연수를 적극적으로 시행한다. 일정은 9박 10일. 상당히 길다. 사전에 일정표를 받아 보기는 했지만, 정확하게 어떻게 연수가 진행될지는 알 수가 없어서 조금 긴장이 됐다. 그런데 주위를 돌아보니 다른 동기들은 마음이 편해 보였다. 나도 편하게 분위기에 어울리려고 노력했다.

연수 장소는 마닐라 시내의 구시가지에 위치한 팬퍼시픽 호텔이었다. 주변 건물들이 다소 노후했고 거리도 조금 어두운 분위기였지만 호텔 방과 식사는 만족스러웠다. 특히 2인 1실로 배정된 방은 이그제큐티브 트윈베드룸으로 넓고 깨끗했으며 시설도 최신식이었다. 호텔 직원들 또한 매우 친절했다. 호텔에서 연수를 받으니 회계사로서 대우받는 느낌이 들어서 조금 우쭐했다.

연수 처음 며칠은 클라이언트 응대 요령, 각종 업무 관련 프로그램 사용법 등에 관한 교육이 이루어졌고, 연수 후반부에는 회계감사 실무에 대한 교육이 진행되었다. 특히 실무 교육은 언스트앤영의 감사 방법론에 대한 개괄적인 이해와 함께 현장에서 사용되는 회계감사 프로그램에 대한 적응 능력을 키우기 위한 과정들로 채워져 있었다.

필리핀 연수의 목적은 실무에 잘 적응하기 위한 업무 습득이었지만, 열흘 동안 얻은 가장 소중한 자산은 동기들과의 끈끈한 유대감이었다. 오후 6시에 교육이 끝나면 클럽이나 펍에 가서 삼삼오오 모여 필리핀의 대표 맥주인 산 미구엘을 마시며 그동안 살아온 이야기, 힘들었던 수험 생활, 앞으로의 계획 등에 대해 새벽까지 이야기를 나눴다. 그때 동기들과 쌓은 친분은 고된 기말감사 시즌에 나를 지탱해 준 버팀목이 됐다. 같은 법인이라도 서로 다른 영역에서 일하기에 동기들을 자주 보기는 어렵지만, 가끔 마주칠 때마다 격려의 말을 건네고 각종 정보도 교환하면서 서로의 성장에 도움을 주고 있다.

필드에서 만나요~

"필드에서 만나요."

2차 시험 과목인 회계감사에서 '대세 강사'로 불리는 권 모 강사의 종강 멘트다. 회계감사가 가장 마지막으로 공부하는 과목인데, 그것이 종료됐기에, 이 인사말은 곧, '이제 강사와 수험생의 관계가 아닌 감사 현장에서 회계사 대 회계사로서 만나자.' 또는 '이제 내가 할 수 있는 것은 다했고 합격 여부는 너희들 몫이다.'라는 의미다. 돌아보면 이 말을 듣고서 얼마나 벅차고 기대됐었는지….

나의 첫 필드는 모 메이저 정유사의 소규모 자회사였다. 선임 회계사는 내게 첫 데뷔하는 회사가 너무 소소해서 안타깝다고 말했는데, 개의치 않았다. 오히려 무엇을 어떻게 해야 할지 전혀 알 수 없는 상황이 무척 설레면서도 긴장되었다.

나는 필리핀에서 배운 대로 회계감사 프로그램을 실행시키고 전기조서 파일을 열었다. 파일을 처음 본 순간, 학생 시절 회계원리 학점 A+에 고무되어 자신 있게 『중급회계』를 펼쳤을 때 느꼈던 '흰 것은 종이요, 검은 것은 글자로다.'의 기분을 다시 한 번 느낄 수 있었다. 중간감사였기에 회사의 내부통제를 이해하고 제대로 작동하는지 여부를 점검하기 위해 샘플 거래를 선정해 관련 내부통제점에서 발생되는 증빙 문서를 확인해야 했다. 고객 회사로부터 관련 문서를 받는 것은 어려운 일이 아니었지만, 업무 담당자와의 인터뷰를 통해 회사의 거래와 관련 내부통제를 이해하고 파악하는 일이 쉽지 않았다. 군대에서 장교로서 행정 업무를 담당했던 경험이 없었다면 어찌 됐을까. 기본적으로 조직이 갖추어야 할 주요 특성에 대해 낯설지 않아서 그럭저럭 잘 넘어갈 수 있었다.

첫 필드 활동을 마치고 팀 회식을 가졌다. 그 자리에서 선임 회계사님이 이런 이야기를 해 줬다.

"내가 1년차 수습회계사일 때 말이야, 후회스러운 기억이 하나 있어. 고객 회사 경리 직원이랑 인터뷰를 하는데 무슨 말을 하는지 하나도 모르겠는 거야. 공부만 하다 회계사가 되었으니 회사가 어떻게 돌아가는지에 대해 알 리가 없잖아. 거기까진 좋아. 그런데 회계사라는 자존심에 고등학교 나온 어린 여직원한테 물어보기가 부끄러우니까 '아, 그래요.' 하면서 그냥 받아 적기만 했어. 그때 내가 '이건 왜 그래요? 잘 이해가 안 돼요.'라고 물어봤다면 훨씬 더 실력 있는 회계사가 될 수 있었을 텐데. 실력 있는 회계사가 조금 더 빨리 될 수 있었을 텐데 말이지."

뜨끔했다. 괜히 얼굴도 붉어지고 말이다. 선배 회계사가 1년차 때 범한 실수를 나도 똑같이 했기 때문이다. 불과 며칠 전 일이었다.

"현금 입출금은 어떻게 하고 계시죠? 출납 담당자는 누구예요?"

회사 경리 직원에게 물었다.

"은행 가는 여직원이 한 명 따로 있고요, 입출금은 CMS*로 해요."

CMS…, 처음 듣는 단어였다. 여직원에게 물어볼까 슬쩍 고민이 됐다. 그러다 멈칫하고는 도움을 구하지 않기로 했다. 1년차라고 무시할지도 모른다는 생각 때문이었다.

"아, CMS요. 좋은 것 쓰시네요."라고, 엉뚱한 대답만 하고 말았다.

회계사는 회계전문가이지 고객 회사의 업종에 대한 전문가가 아니다. 고객 회사에 대해 잘 모르는 것은 당연하고 수습회계사라면 말할 것도 없다. 수습회계사로서 인터뷰를 통해 회사를 잘 이해하고 회사 간 거래가 회계기준에 맞게 재무제표에 기록됐는지 확인할 수 있으면 그만인 것이다.

뭐든 모르면 질문하고 이해하고자 노력해야 한다. 회계감사를 의미하는 영어 단어 AUDIT의 어원은 '듣는다'는 뜻의 AUDIO다. 붉어진 내 얼굴을 술 덕분에 감출 수 있어서 다행이었다. 이후 나는 질문을 두려워하지 않는 회계사가 되었다.

즐겁고도 고통스러운 재고실사

중간감사 시즌이 끝나고 12월 중순이 되었다. 이제부터는 재고실사 시즌이다. 재고실사는 1년차와 2년차 수습회계사들이 주로 한다. 재고

---

* 은행이 거래처에 제공하는 종합적인 계좌관리 시스템으로 인터넷 뱅킹과 유사하다.

수불부를 받아서 샘플을 선정하고 수량 확인과 진부화 여부를 체크하면 된다. 하지만 이 일 역시 책에서 배운 것과는 다르기 마련. 지나가던 선배들뿐만 아니라 선임 회계사들도 "재고실사는 지방 출장이 조금 귀찮을 뿐 비교적 쉬운 일"이라고 했다. 그러면서도 "숫자 잘 세고 와. 진부화 여부도 체크하고."라는 말을 잊지 않았다. 회계감사 공부할 때의 기억을 더듬고 전기 재고실사 조서를 뒤적여 봤지만, 내가 가늠할 수 없는 또 다른 어떤 일이 터지는 것은 아닌지 불안하기는 매한가지였다.

젊은 회계사의 패기를 앞세워 과대 계상된 재고, 진부화된 재고를 꼭 찾고 말겠다는 마음가짐으로 재고실사를 시작했다. 재고자산의 종류는 업종에 따라 상이하고 포장, 보관 상태도 천차만별이다. 모든 재고가 동일한 규격, 동일한 중량으로 동일한 박스에 포장되어 있고 수량은 개수가 아닌 무게로 측정되는 경우도 있다. 이런 경우엔 참 난감하다. 샘플 재고의 중량을 계측해 볼 수도 없고 뭐가 진부화된 것인지도 도대체 알 수가 없다. 그래서 이런 경우는 보통 입고일을 확인한다.

플라스틱 원료가 되는 석유화합물 가루를 사람만 한 마대 자루에 담아 건물 몇 층 높이로 쌓아 둔 경우도 있는데, 이런 재고의 무게는 입항 시 계측하기에 재고실사 중에 무게를 재어 볼 수가 없다. 무게를 잴 수 있는 저울이 창고에 없다. 잘못된 무엇인가를 찾아내야 일을 제대로 한 것 같은데, 어쩐지 찜찜한 기분을 숨길 수 없다. '샘플 테스트를 몇 개 더 해 볼까.' 생각하다가 이내 창고의 매서운 추위에 굴복하고 만다.

재고실사를 하다 보면 호텔 식재료 창고에서 영하 40도 추위와도 싸워 보고 20미터짜리 석유화합물 저장탱크 위에도 올라가게 된다. 신기하고 재미있는 경험이다. 언젠가 다국적 생활용품 판매업체 A사의 재고실사팀에 차출됐을 때는 1박 2일의 일정으로 비행기를 타고 부산

:: 시멘트 공장으로 재고실사를 나간 날. 호텔 식자료, 화장품, 석유화합물 가루 등등 회계사는 다양한 업종의 회사에서 온갖 재고를 접한다.

까지 가서는 해운대의 고급 호텔에서 숙박하며 따뜻한 창고에서 낯익은 화장품 재고들을 헤아리는 호사도 누릴 수 있었다.

　몸은 조금 힘들고 이리저리 떠돌아도 다양한 경험을 할 수 있다는 것이 회계사로서 누리는 가장 큰 즐거움이 아닐까 싶다.

Hell! Help me!!!

　요새 젊은 층에서 자주 쓰는 헬(hell)이라는 말이 있다. '지옥'이란 뜻으로 매우 힘들고 안 좋은 상황에서 쓴다. 처음 입사하면서 가장 많이 들었던 말 중 하나가 "이번 기말감사 시즌은 헬이 될 거야."였다. 이 말의 시작은, 추측컨대 우리나라가 국제회계기준(IFRS)을 도입하면서

2011년 재무제표부터 의무적으로 한국채택국제회계기준(K-IFRS)을 적용해서 회계감사를 수행하도록 한 데서 왔을 것이다. K-IFRS에 따르면 관련 회계기준에 대해 포괄적인 적용을 하도록 하는 경우가 많다. 그렇다 보니 회계 처리가 명확하지 않은 일이 발생해 피감사 대상 회사는 결산을 하는 데 어려움을 겪고 감사인과 피감사인 사이에 의견 충돌도 일어났다. 그와 함께 우리 회계사들이 감사해야 할 업무량도 많아지고 요구되는 적격 증빙 문서도 증가되었다. 한마디로 K-IFRS 적용 이후 업무량이 배로 늘어났지만 마감 시한은 그대로였다.

일반 회사들은 매해 3월 말쯤에 주주총회를 연다. 그 때문에 감사보고서는 늦어도 3월 초에는 발행이 완료되어야 하고, 1~2월은 감사본부 회계사들에게 지옥과 같이 바쁜 시즌이 된다.

나의 첫 감사 시즌

1, 2년차 수습회계사의 경우, 큰 거래처를 담당하는 팀에 포함된 일부를 제외하고 대개 1월 초부터 2월 말까지 10~12개의 거래처에 투입된다. 한 고객사당 5일이 주어지는 것은 그나마 양호하다. 2~3일 만에 마무리해야 하는 작은 고객사 업무를 많이 맡게 되면 말 그대로 '헬'이 된다. 회사가 작다고 해야 할 업무가 적은 것은 결코 아니다. 2~3일 기한이 부여된 고객사를 많이 맡을수록 업무량은 배로 늘어나는 것이다. 더군다나 같은 팀 선배 회계사들 또한 각자 할당받은 업무가 많아 바쁘기 때문에 궁금한 것을 물어보기도 어렵다. 어떻게 해서든 각개전투, 단독 돌파를 해야 하는 상황이다.

1년차가 맡는 계정은 재무상태표에서는 현금성자산, 기타 유동자산, 유/무형자산, 기타 투자자산, 유동부채, 비유동부채이고 손익계산

:: 고객 회사로 파견 근무를 나가 함께 감사 업무를 하고 있는 회계사들.

서에서는 판매관리비, 급여, 영업 외 손익 등이다. 물론 중요 계정은 배정받지는 않는다. 1년차는 잡계정을 전부 다 배정받는 경우가 많은데 기말감사에서 수행할 업무가 무엇인지, 어떻게 해야 하는지 아직 익숙하지 않은 상태인지라 혼란스러울 수밖에 없다. 또 인터뷰해야 할 담당자도 여럿이고 받아야 할 자료도 여러 분야에 걸쳐 있다 보니 업무가 뒤죽박죽이 되기 일쑤다.

기업의 회계팀이야 주무 부서이기에 적극적으로 도와주지만 현업 부서나 인사팀 관계자들에게 회계감사는 귀찮은 일일 뿐이다. 급여 담당자에게 인터뷰를 요청하려고 전화를 걸었더니 일주일간 휴가여서 당황한 경우도 종종 있었다. 담당자들이 자리에 있다고 해도 감사인에게 그다지 협조적이지 않은 경우도 많다. 필드에서 인터뷰나 관련 자료를 받지 못하면 감사인은 매우 곤란한 상황에 처한다. 필드에서도 호의적이지 않은 경우가 있는데 전화상으로야 두말할 게 없다. 따라서 담당자들과 대면할 수 있는 필드에서 인터뷰와 자료 수집을 신속하게 마무리하고 어느 정도 조서를 꾸민 후 철수하는 것이 상찰이다. 나머지 업무는 주말이나 다른 필드 일정 중 야근을 통해 하나씩 선입선출하면서 감사를 마무리하면 된다.

조회서의 역습

감사기법 중 '외부 조회서 발송'이라는 절차가 있다. 계정잔액의 적정성에 대해 감사인이 판단을 내릴 때 매우 중요한 근거가 된다. 조회서는 그 목적에 따라 다양한 조회처로 발송되지만 가장 빈번하게 작성, 발송되는 조회서는 금융기관 조회서와 채권채무잔액 조회서이다.

회계감사 과목을 공부하면서 문제를 풀 때 '~의 경우 적절한 감사절차는 무엇인가'라는 질문에 가장 쉽게 쓸 수 있는 답은 '조회서 발송'이었다. 그런데 실무로서의 조회서 발송은 너무나도 번거로우면서 시간이 많이 걸리고, 사후 관리에도 무척 신경을 써야 하는 골치 아픈 업무였다.

B공기업은 막대한 현금 유입이 발생하는 여러 수익사업을 하는 데다 기금까지 운용하고 있었다. 회계사에게 이것은 금융기관과의 거래가 빈번할 뿐 아니라 보유하고 있는 계좌가 매우 다양하다는 의미로 해석된다. 게다가 여러 사업부에서 각기 다른 사업자등록번호로 금융 거래를 해서 각각의 사업자등록번호로 조회해야 했고, 결국 나 혼자 70여 개에 달하는 조회서를 발송하였다. 사실 조회서 작성은 다른 업무 시간을 쪼개서 해야 했기에 부담이 적지 않다. 나는 밤늦게까지 야근을 해가며 수수료 결제 내역과 기발송 조회서의 개수 확인, 추가로 발견된 금융기관에 대한 조회서 발송 및 회사 측 오류로 인한 조회서 재발송

:: '헬'과 같은 감사 시즌, 회계사
는 구두를 짝짝이로 신은 채 출근
을 해 버렸다.

등의 업무를 혼자서 진행해야 했다. 그러다 한숨 돌릴라치면 처리 완료
됐다고 생각한 조회서에서 문제가 발생하기도 했다.

　B공기업의 조회서 관련 업무를 완료하는 데 거의 한 달이 걸렸다.
그러나 내게 주어진 B공기업에 대한 필드 일정은 단 5일. 다른 거래처
에 대한 감사 일정 중 이 업무를 병행해야 했고, 다른 거래처 업무도 덩
달아 미뤄지면서 새벽 퇴근과 주말 근무에 시달렸다.

　동기들 중에는 100개 이상의 조회서를 발송한 이도 있었다. 조회서
의 양이 많아지면 조회서 발송, 회수한 조회서 정리, 조회서 관련 조서
작성 등의 단순 업무량이 같이 증가한다. 게다가 혹여 중요한 조회서가
누락되는 일이 없도록 꼼꼼하게 챙겨야 한다.

　감사 시즌 중 가장 중요한 것이 시간과 체력 관리이다. 전주의 업무
가 종료되지 않고 그다음 주로 넘어오는 일이 다반사이기 때문에 일이
한번 밀려 버리면 걷잡을 수 없이 시간에 쫓기게 된다. 나도 한 거래처
에서 있었던 '조회서의 역습' 여파로 두 달간 매일 새벽에 퇴근하고 주
말에 출근해야 했다. 하루 12시간 이상 일하는 기간이 길어지면 체력적

으로 한계에 이르게 된다. 1월은 그럭저럭 버틸 만하지만 2월 중순쯤 되면 12시만 넘어가면 정신이 없고 두뇌 활동이 정지된 것 같은 기분을 느끼게 된다. 1월에 막 울고 싶었다면 2월에는 그냥 아무 생각 없이 쉬고 싶어진다. 그렇게 정신없이 일하던 2월의 어느 날, 집에서 구두를 짝짝이로 신고 나온 어처구니없는 일도 있었다. 헬~

시즌 끝, 행복 시작! 과연…?

2000년대 초반만 해도 감사본부는 기말 시즌에만 죽을 듯이 일하고 나머지 기간에는 비교적 여유롭게 일하는 것이 통상적이었다. 하지만 근래에는 회계 관련 용역 수행도 많고 기말감사 끝나면 연결재무제표* 감사, 연결재무제표 감사 끝나면 1분기 검토**, 1분기 검토 끝나면 잠시 한숨 돌리고 반기 검토, 다시 3분기 검토 및 중간감사에서 기말감사로 이어진다.

세상 사람들이 각자 다른 삶을 살듯이 감사본부 동기 100여 명도 모두 다른 상황에 처한다. 끊임없이 하드 트레이닝을 받는 동기도 있고 상대적으로 여유 있는 비시즌을 보내는 동기도 있다. 나는 후자의 경우였는데, 마침 3월에 배정된 감사 업무가 없어서 세무본부로 한 달 파견 근무를 지원했다. 세무본부 중 법인세 관련 부서는 일 년 중 3월이 가장 바쁘다. 12월 말 결산을 하는 법인의 법인세 납부기한이 3월 31일이

---

* 연결재무제표란 일반적으로 한 회사의 지분을 50퍼센트 이상 보유하고 있는 회사(지배회사)의 재무제표와 피지배회사의 재무제표를 합산하여 내부거래 등을 제거하여 작성한 재무제표를 말한다.
** 검토란 재무제표 감사에 비해 완화된 수준의 확신을 제공하는 업무로, 모든 회사가 매분기마다 외부 감사를 받기는 현실적으로 어렵기 때문에 일정 규모 이상의 상장 주식회사에서 수행한다.

기 때문이다.

회계와 세법은 서로 밀접한 관계가 있기 때문에 세법 실무는 어떤 식으로 이루어지는지 무척 궁금했다. 내게 할당된 업무는 법인세 신고 서식을 작성하는 단순 업무였다. 법인세 신고를 하기 위해서는 국세청 법인세 신고 네트워크에 신고 내용을 입력해야 하는데, 이것이 실무에서 사용하는 세무조정 컴퓨터 프로그램과 호환이 되지 않아서 수기로 법인세 신고 서식을 작성했다. 업무 강도는 높지 않았고 업무량도 그리 많지 않았다. 더 좋았던 것은 법인세 신고 업무 흐름을 전체적으로 이해할 수 있었던 점과 세무본부 분위기 및 업무 수행 방식을 엿볼 수 있었던 점이다.

파견 근무 종료 후 4월에는 1분기 검토와 연결재무제표 감사 업무를 수행했는데, 업무량이 부담되는 정도가 아니었기에 그사이 체력을 회복해 즐겁게 일할 수 있었다.

박진감 넘치는 Big4컵 축구대회

내가 속해 있는 언스트앤영한영을 포함해 회계법인 중 규모가 아주 크면서 외국 메이저 회계법인과 제휴한 삼일, 안진, 삼정을 흔히 '빅4 회계법인'이라고 부른다. 이 법인들은 세계 무대에서는 물론 한국 내에서도 경쟁이 치열하다. 그러나 한편으로는 동종 업계 전문가 집단으로서 동지이기도 하기에 이따금 친목을 다지기 위한 행사를 같이한다. 그중 하나가 '빅4컵 축구대회'다. 회계법인 차원의 행사는 아니고 각 법인 축구동호회 간 행사이지만 대회의 취지만큼은 훌륭하다 하겠다.

대학 다닐 때 축구 동아리 활동을 하긴 했지만, 축구가 워낙 과격한 운동이고 수험 기간 동안 운동을 중단했던 터라 더는 하지 않으려고 했다. 그런데 나의 전적을 어떻게 알았는지 주위의 권유로 사내 축구 연습에 몇 번 참가하게 되었고, 팀원들께 다소 미안한 이야기지만 팀 수준이 그다지 높지 않아서 '이 정도면 슬슬 공을 차도 거저먹겠네.' 싶었다. 결국 대회에도 참가하게 됐다.

6월 16일 토요일, 장소는 구리시에 있는 인조 잔디 구장. 아침 일찍 시작해서 오후에 끝나는 일정이었고, 4개 팀이 풀 리그로 예선전을 치르고 상위 2개 팀이 결승전, 하위 2개 팀이 3, 4위전을 하는 방식으로 진행되었다.

아마추어의 실력은 열정으로 갈린다. 얼마나 많은 팀원이 참가해 응원하고 경기에 하나 되는지가 무척 중요하다. 그런데 우리를 제외한 삼일, 안진, 삼정 팀들은 참가 인원도 20명이 넘었고(우리는 고작 14명) 여성 참여자도 많았다!

"힘든 경기가 될 것 같습니다. 모두 파이팅~!"

팀을 이끄는 상무님의 외침에 다 같이 파이팅을 외쳤고, 첫 경기의 시작을 알리는 호루라기 소리와 함께 우리 모두의 숨소리가 거칠어지기 시작했다.

첫 경기 상대는 안진회계법인이었다. 작년 우승팀이라고 해서 긴장했지만, 경기를 시작한 지 얼마 지나지 않아 우리 팀의 선취 득점이 터지고 이후 상대의 공격을 잘 막아서 1:0으로 승리했다. 뒤이은 삼정회계법인과의 경기에서는 내내 수세에 있었지만, 우리 수비진이 잘 버텨냈고 경기 종료 직전 어렵게 득점하면서 1:0으로 승리했다. 예선 최종 경기 상대는 삼일회계법인이었는데 그들 또한 이미 2승을 거둔 상태였기에 둘 다 힘을 빼고 가볍게 경기를 했다.

드디어 결승전. 우리는 기필코 우승하고자 필승을 다짐하고 결승전에 임했다. 그러나 삼일회계법인 선수들은 실력이 뛰어났을 뿐 아니라 인원이 많아서 체력 안배를 잘한 반면, 우리 팀은 11명이 거의 전 경기를 소화하다 보니 결승전에서 어려운 경기를 할 수 밖에 없었고 결국 많은 실점을 내면서 패하고 말았다.

작년에는 우리가 꼴찌를 했다는데, 그래도 이번에는 동호회 회원들이 모두 열심히 뛰어서 준우승이라는 성과를 냈다. 한 조직의 일원으로서 공통의 목표를 위해 함께 노력하고 의미 있는 결과를 성취한다는 것은 무척 짜릿한 경험이었다. 기분 좋게 축구대회를 마쳤지만, 경기 중 입은 부상으로 손에 깁스를 하게 되어 여름 반기 검토 시즌에 나는 꽤 고생을 해야 했다.

내가 회계사를 선택한 것이 잘한 일일까?

정신없이 바쁜 시기들을 보내고 슬슬 한가해지는 여름, '내가 회계사를 선택한 것이 잘한 일일까?'라는 질문을 스스로에게 던져 봤다. 갓 수습 1년을 마쳤다. 내 선택에 대해 잘 모르는 것이 정상일 것이다. 지금 내가 느끼는 감정이 영원할 리 없고 내 앞에 펼쳐질 미래는 무궁무진하다. 난 나의 선택에 후회 없고 불만 없다.

수년간의 치열한 수험 생활을 거쳐 회계세무전문가로서 능력과 기본 자질을 갖추고 사회 초년생 때부터 한 분야의 전문가로서 활동할 수 있다는 것은 매력적인 일이다. 때로는 고객사의 요구에 부응하기 위해 밤을 꼬박 새기도 하지만, 자신만의 시간을 갖고 자기 자신의 가치를 높일 수 있는 기회도 많다.

물론 주위에서 들리는 좋지 않은 말도 있다. 최근 전문 자격사의 가치와 위상이 과거에 비해 하락한 것은 부인할 수 없는 사실이고 회계업계의 미래가 장밋빛이 아닌 것도 많은 이들이 동의하는 바이다. 혹자는 회계업계를 레드오션이라고 한다. 그러나 21세기 들어 모든 분야에서 경쟁은 나날이 치열해지고 있다. 과연 블루오션이라고 할 만한 직업이 얼마나 있는지 모르겠다. 우리 모두가 마크 주커버그(Mark Zuckerberg)는 아니지 않는가. 숙련된 회계 지식은 여전히 쓸모가 많으며 회계전문가로서 경쟁력을 갖춘다면 자기만의 블루오션은 충분히 찾을 수 있을 것이다.

내가 회계사를 선택한 것이 잘한 일일까? 인생에서 어떤 선택을 하는지도 중요하지만 그보다 더 중요한 일은 많은 노력과 시간을 투자해 자신의 선택이 옳았음을 증명하는 것이다.

산 넘어 산,
진정한 회계사로 거듭나기

| 정회림 |

2011년 서울대 경제학부를 졸업했다. 2010년 제45회 공인회계사 시험에 합격하였다. 2011년 9월 KPMG삼정회계법인에 입사하여 현재 CF(기업금융본부)에서 애널리스트로 근무하고 있다.

공부가 제일 쉽다고요?

나는 대학에 다니던 중, 정확하게는 2008년 초에 공인회계사 시험 준비를 시작했다. 그러나 왠지 공부가 하기 싫어 잠시 손을 놓았다가 2009년부터 새로운 마음으로 공부를 시작해 2010년 여름, 시험에 합격했다. 모든 수험 생활이 다 그렇지만 회계사 준비생은 그야말로 1분 1초가 자신과의 싸움이다. 혹자는 "공부가 제일 쉬웠어요."라고 말하지만, 아마도 그것은 공부의 시기가 다 지난 후에나 할 수 있는 말이 아닐까?

공부를 하며 도서관을 많이도 옮겨 다녔다. 중앙도서관, 사회대도서관, 경영대도서관, 그리고 다시 본격적인 수험 생활은 중앙도서관에서. 도서관이 나의 집이요 도서관 책상이 나의 방, 나의 침대와도 같았던 그 시절, 나는 내내 머릿속에서 온갖 유혹과 싸움을 했다.

사실 아침에 일어나는 것부터가 유혹과의 전쟁이었다. 1분이라도 더 누워 있고 싶고, 학교만 다닐 때는 귀찮기까지 했던 아침 식사 시간이 더 길어졌다. 왜냐고? 그 시간만큼 집에서 더 쉴 수 있으니까.

도서관 도착 시간은 늘 변함없이 아침 8시 10분 전. 책장을 펼치면 스르르 졸음이 온다. 모닝커피가 생각난다. 커피 사러 나간 김에 교정을 거닌다. 귀에는 이어폰도 꽂는다. 방학이라 교정은 인적도 드물고 마냥 한가롭다. 그러나 계속 교정과 한 몸 되어 함께 한가로울 수는 없는 법. 다시 도서관, 내 자리를 향해 차마 떨어지지 않는 걸음을 매몰차게 옮긴다.

오랜 시간 도서관 책걸상과 함께하기에는 나는 장이 좋지 않다. 점심, 저녁 식사 후에는 뱃속에 가스가 가득 차곤 한다. 이 외에도 나의 공부를 방해하는 온갖 유혹이 가까이에 널려 있다. 친한 친구의 "음료 한 잔 하자."는 유혹, 다른 요일과는 공기마저 다른 금요일 저녁에 왠지 캔맥주 한잔 하고 싶은 유혹, 그리고 방이 더러운 것 같아 간만에 방 청소나 하러 일찍 집에 돌아갈까 하는 말도 안 되는 유혹까지…, 그걸 다 이겨 내며 공부를 하기란 결코 쉬운 일이 아니다. 물론 시험에 합격을 하면, 합격했다는 결과만 강하게 남아서 언제 그랬냐는 듯 "그래도 공부가 제일 쉬웠다."라고 말할지도 모르겠다.

대학생 회계사, 감사에 첫발을 내딛다

공인회계사 시험에 합격은 했지만 졸업은 아직 두 학기나 남아 있었다. 학교를 완전히 마친 후 입사해도 별 문제가 없었기에 이제부터 마음껏 놀아 볼까 하는 생각도 있었지만, 고민 끝에 파트타임으로 회계사 일을 해 보기로 하였다. 다른 동기들보다 감사 시즌을 한 번 더 겪어 보고 싶기도 했지만, 그보다는 입사 전에 해외여행을 가고자 자금을 마련하고 싶었다.

그리하여 평소 가고 싶었던 KPMG삼정회계법인에 입사 지원했다.

금융감독원 홈페이지에서 회계사 시험 합격자를 발표하자마자, 빅4 회계법인에 재직 중인 학교 선배들로부터 연락이 온다. 이어서 각 회계법인이 학교에 방문하여 입사설명회를 개최하고 설명회가 끝난 뒤에는 뒤풀이 자리를 마련해 법인 홍보를 한다. 나는 삼정 입사설명회에 참석하여 그 자리에서 입사지원서를 냈고, 바로 다음 날 학교에서 면접을 봤다. 면접 결과는 그날 오후에 통보되었다. 시험 합격자 발표가 나고 바로 그다음 주에 각 법인이 신입 회계사들을 대상으로 오리엔테이션을 하기 때문에 입사 절차는 매우 빠르게 이루어졌다.

그리고 2011년 1~2월을 B&F(Banking&Finance)본부에서 일하게 되었다. 이 본부는 주로 금융회사(은행, 증권, 자산운용사 등)를 고객으로 두고 있다. 본부 내 팀 배정은 랜덤으로 이루어지는데, 나는 은행팀에 배정되어 A은행과 B은행을 감사하였다.

회계감사를 수행하는 목적은 다음과 같다. 모든 회사는 회계연도를 정하고 연도별로 결산을 수행한다. 예외도 있긴 하지만, 많은 회사들이 1월 1일부터 12월 31일까지를 회계연도로 설정한다. 회계연도 중에 발생한 각종 거래를 회사의 회계 시스템을 통해 기록하며, 1년이 지난 다음 해 1월부터 과거 1년의 회계 기록에 대하여 결산을 수행하고 그 결과물인 재무제표를 작성한다. 그런데 이 재무제표가 오류로 잘못 기재

:: 2012년 9월 KPMG삼정 신입 회계사들은 중국 연수 때 상하이KPMG 및 상하이모터스, Lenova 등의 회사를 방문했다.

되거나 실적을 부풀리기 위해 고의로 잘못 기재될 가능성이 있다. 따라서 정부에서는 제삼자인 회계사로 하여금 재무제표가 적정하게 작성되었는지 확인하고 이를 인증하도록 하는 제도를 마련하였다. 왜냐하면 회사에는 채권자, 주주, 은행 등 수많은 이해 관계자가 있는데, 이들이 회사에 대한 정보를 파악하는 데 중요한 수단이 되는 것이 바로 재무제표이기 때문이다.

회계감사 업무는 힘들기로 유명하다. 회사가 회계 시스템을 통해 기록한 '1년의 거래'를 주어진 기간 동안 꼼꼼히 살펴보아야 하는데, 그 주어진 기간이란 것이 충분히 길지 않기 때문이다. 업계에서는 흔히 그 주어진 기간을 '시즌'이라고 말하는데, 회계사들에게 있어 한겨울 찬바람과 같이 매섭고 지옥과 같이 고통스러운 기간이다. 나는 대학생 초짜 회계사로서 말로만 듣던 그 시즌을 드디어 처음으로 대면하게 되었다.

'선배한테 물어볼까? 그냥 넘어갈까?'

수험생 시절에는 합격만 시켜 준다면 감사 시즌을 365일 겪어도 문제없다고 생각했다. 하지만 막상 시즌에 업무를 하다 보니 하루하루가 결코 녹록하지 않았다. 더욱이 회계법인의 업무와 조직 특성상 각자가 정해진 기간 내에 맡은 일을 끝내야 하므로 윗사람들조차도 아랫사람들에게 업무 내용을 꼼꼼하게 알려 줄 만한 시간적 여유가 없는지라 1년차라고 해서 궁금한 것, 모르는 것을 그때그때 다 물어볼 수는 없다. 나는 눈치껏 알아서 하고 몰라도 어떻게든 혼자서 해결하기 위해 갖은 노력을 다하다가, 그래도 도저히 모를 때 비로소 윗사람들에게 질문했다.

회계감사를 수행하면서 회계사들이 작성하는 문서를 '조서'라고 한다. 조서는 회사 재무제표의 해당 계정(자산, 부채, 자본의 세부 계정)을 담당한 회계사가 계정금액의 적정성을 확인하기 위해 수행한 절차 및 수행 결과를 기록한 문서이다. 회계감사가 재무제표의 적정성을 확인하는 절차라면 조서는 그 적정성을 확인하는 수단이다.

감사를 할 때는 흔히 전기 조서(전년도에 작성된 조서)를 많이 참고한다. 보통의 1년차가 그렇듯이 나 또한 전기에 작성된 조서를 보며 절차를 거의 그대로 따르면서 거기에 적혀 있는 내용을 당기에 해당하는 내용으로 업데이트하는 수준으로 일했다. 원칙대로라면 계정별로 어떤 내용을 파악해야 하는지를 정리하고 감사 결과 적정하다고 판단하기 위한 기준을 세워서 업무를 수행해야 한다. 하지만 전기 조서에 적힌 내용을 그대로 따라서 하는 것도 어려운 판에, 계정들의 성격을 일일이 파악하고 내 나름의 감사 절차를 세워 능동적으로 감사를 수행하기란 나 같은 평범한 신입 회계사에게는 너무나 어려운 일이었다. 만약 전기 조서가 완벽하게 작성되어 있다면, 그리고 전기 대비 당기에 계정 관련 이슈가 특별히 없다면 전기 조서를 따라서 그대로 업무를 수행해도 크게 문제되지 않는다. 그러나 그렇지 않을 경우, 즉 당기에 이슈가 되었던 계정이 있다면 전기 조서를 그대로 따르는 것은 문제가 될 수 있다.

그러던 중 내가 수행했던 은행 감사에서 문제가 발생했다. 한 계정에 전기 감사인이 수행했다고 기술되어 있는 절차를 수행하기 위해 회사 담당자에게 해당 절차에 필요한 회사 자료를 요청하였으나 회사에서는 그런 자료가 없다고 대답하였다.

'선배한테 내용을 물어볼까? 만약 절차에 이상이 있다면 다른 적절한 절차를 취해야 하지 않을까?'

잠깐 고민하였으나, 일이 번거로워질 것 같아서 전기 조서에 수행했다고 기재된 절차를 당기에도 그대로 수행했다고 조서를 작성했다. 그런데 나중에 조서 리뷰 사항으로 다른 지적 사항이 나오면서, 그 내용을 수정하는 과정에서 내가 조서상으로만 수행했던 절차를 다시 수행해야 하는 상황이 벌어졌고, 결국은 다른 절차를 취함으로써 조서를 수정해야만 했다.

대학 졸업 후 정식으로 입사한 후에도 정말 절실히 느끼는 것 중 하나는, 일을 하면서 어떤 문제가 발생하는 경우 그것이 아무리 작은 문제일지라도 그냥 덮으면 안 된다는 것이다. 끊임없는 후속 업무, 부족한 시간, 나태 등 갖가지 핑계를 대며 1년차 특유의 아마추어적 발상으로 문제의 구멍을 혼자 몰래 메우고 싶은 유혹에 빠지기 쉽다. 그러나 그렇게 넘어간 문제는 나중에 반드시 수면 위로 떠오른다. 비슷한 상황이 발생하여 어떻게 대처해야 할지 고민이 되는 일이 생길 때마다 나는 은행 감사 경험을 떠올리며 반드시 어떻게든 그 자리에서 해결하려고 노력한다. 나중에 문제가 터지는 것보다는 지금 좀 힘들어도 말끔하게 끝을 맺고 다음 일을 진행하는 것이 더 낫다는 것을 몸으로 깨달은 까닭이다.

"매니저님, 제가 지금 지하철인데요…"

파트타임으로 일할 때 한번은 지각을 심하게 한 적이 있다. 감사 시즌이라 매일 새벽 3~4시에 퇴근하던 때였는데, 하루는 아침에 눈을 떠 보니 너무 밝았다. 거의 동물적인 직감으로 지각했음을 깨닫고 벌떡 일어나서 시계를 보았다. 2년이 지난 지금까지도 기억나는 시계 속 숫자는 10과 46. 9시 반까지 출근해야 하는데 10시 46분에 일어났던 것이다! 평소에 아침을 먹고 천천히 준비하면 준비 시간만 한 시간이 걸리는데, 그날은 씻고 옷 입고 머리에 헤어 왁스 바르고 집 앞에서 버스를 탈 때까지 총 17분이 걸렸다. 아무래도 불안해서 가는 길에 담당 매니저에게 전화를 걸었다.

"매니저님, 제가 지금 지하철을 타고 가고 있는데요."

"네, 말씀하시죠."

"오늘 늦잠을 자는 바람에 지각을 할 것 같습니다. 정말 죄송합니다."

"…"

"정말 죄송합니다. 지금 최대한 빨리 가고 있습니다."

"…"

아무 말 없더니 전화가 뚝 끊어지는 것이 아닌가. 평소에는 무섭지 않은데 화가 나면 엄청 무서울 것 같은 담당 매니저가 아무 말 없이 전화를 끊었으니, 그때부터 온갖 생각이 밀려오기 시작했다. 출근길 한 시간 동안 10년은 늙은 것 같았다. 분위기가 심각함을 직감하고 어떻게 위기를 모면할까 궁리하다가, 곤란한 일이 생길 때 써먹기 위해 평소 팀원들이 먹는 음료수를 기억해 뒀는데 바로 지금이 이걸 써먹어야 할 때라는 생각이 들었다.

팀원들에게 줄 음료수를 한 아름 들고 사무실 문을 여는 순간, 싸늘할 줄만 알았던 사무실이 뜻밖에 따스했다. 심지어 담당 매니저는 나와 눈이 마주치자 미소를 짓는 게 아닌가. 알고 봤더니 담당 매니저는 화가 났던 게 아니라 전화 음성이 잘 들리지 않아 끊었던 것이었다. 내가 당황해하자, 팀원들은 각자에게 맞춤화한 음료수를 하나씩 손에 쥔 채 폭소를 터뜨렸다. 그 일 이후, 나는 다시는 지각하지 않았다.

정식 입사, 그리고 FAS의 CF본부 지원

파트타임을 마치고 졸업 전 마지막 학기를 다니며 대학 생활에서 가장 즐거운 날들을 보냈다. 그러나 시계를 거꾸로 돌려도 시간은 가는 법. 어느새 대학생 코스프레를 그만두어야 하는 시점이 찾아왔고 정식 직장인으로서 첫발을 내디뎠다.

보통은 빅4회계법인인 삼일, 삼정, 안진, 한영 중에서 어디로 갈까 고민하기 마련인데, 나는 그런 고민 없이 바로 삼정회계법인에 지원했다. 파트타임으로 일했을 때 A은행팀에서의 감사 경험이 좋은 기억으로 남아 있었고, 1년간 여러 본부를 경험할 수 있는 기회를 제공하는 풀링 제도, 높은 성과급 등 삼정만이 가진 장점 때문이다.

입사 전 나의 선호 업무는 감사 및 택스 쪽이었다. 감사는 회계사의 기본 업무이기도 한 데다 파트타임으로 일하면서 경험해 본 바 나쁘지 않다는 생각이었고, 택스는 세법 관련 업무를 하면 재미있을 것 같아서였다. 반면 FAS(Financial Advisory Service) 쪽은 그다지 선호하지 않았다. FAS가 일반 컨설팅 기업 업무 같은 느낌이 들었기 때문인데, 주어진 일을 맡아서 하는 것을 좋아하는 내 성향상 뭔가 창조적으로 일해야 할 것만 같은 FAS는 나에게 맞지 않을 것 같았다. 그런데 학교 선배와의 가벼운 대화를 계기로 FAS를 첫 본부로 선택하게 되었고 최종 본부도 FAS로 가게 되었으니, 사람 일이 어떻게 될지는 알 수 없는 노릇이다.

삼정에서 파트타임을 시작했을 때 같이 연수를 받았던 동기들의 술자리가 있다고 하면 나는 무조건 참석했다. 연수 동기였으나 어느새 2년차 선배가 된 친구와 형, 누나 들에게 법인 생활에 대한 이야기도 듣고 근황도 들을 겸 해서였다. 동기들 중에 학교 선배가 있었는데 우리 중 거의 유일하게 FAS를 경험했다.

"형, FAS는 어떤 일을 하는 거예요? 다들 FAS가 좋다고 하니까 지원해 볼까 싶기도 하고 일반 컨설팅 회사와 뭐가 다른지 궁금해서요."

"컨설팅 회사가 전략, 마케팅, 인사 등 전반적인 자문을 제공한다면 FAS는 재무 쪽에 특화된 자문을 제공한다고 생각하면 돼. 예를 들어 내가 있었던 CF(Corporate Finance), 즉 기업금융본부에서는 기업의 매각이나 인수·합병자문을 수행하면서 기업가치, 주식가치 및 영업권가치 등 각종 가치평가자문을 수행했어. FAS 내에는 CF본부뿐 아니라 부동산 가치평가, 구조조정 단계에 있는 회사의 자금수지 추정, 딜(deal)을 위한 재무실사 등 파이낸셜 자문을 하는 본부도 별도로 있어."

무엇보다 삼정회계법인의 경우 신입 회계사들이 FAS를 선호하므로 처음 입사할 때 바로 FAS에 지원해야 뽑힐 확률이 높고, 또 법인 생활을 하면서 한 번은 그 업무를 경험하는 것이 좋을 것 같다고 조언을 해 주었다. 곰곰이 생각해 보니 감사 업무는 한 번 경험해 보았으므로 FAS에 지원해서 새로운 업무를 해 보는 것도 나쁘지 않을 것 같았다. 그렇게 나의 첫 본부가 결정되었다.

나는 FAS 중에서도 CF에 지원하였다. CF본부는 주로 기업의 매각이나 인수·합병자문, 자금조달자문, 가치평가 등 기업 구조 관련 자문 업무를 수행한다. 그리고 1년차는 주로 용역제안서 작성 지원, 리서치, 가치평가 작업 지원 업무를 담당한다. CF본부는 산업별로 팀이 나누어져 있었으며, 내가 속한 팀은 기계, 발전, 조선, 철강 등과 같은 중공업 분야를 주로 담당하였다.

우왕좌왕 좌충우돌, 일복 터진 신입 회계사

팀 배치가 결정되고 정식으로 출근 인사를 하기도 전에 팀원 중 한 명이 토요일에 불쑥 전화로 연락을 해 왔다.

"안녕하세요, 정회림 회계사죠? CF본부 ○○팀의 조○○ 차장입니다. 업무와 관련해 말할 것이 있으니 내일 잠깐 뵙죠. 집이 어느 쪽인가요?"

"저는 신림 쪽에 살고 있습니다."

"그럼, 신림 지하철역 ○번 출구 앞 커피숍에서 뵙죠."

아뿔싸. 다음 날은 일요일, 그리고 월요일은 휴일인 개천절이었다. 정식으로 일을 시작하기도 전에 일복이 터진 것이다.

일요일, 커피숍에서 조 차장님은 샘플이라며 100페이지 정도 되는 보고서 초안을 건네주었다. 무수한 페이지와 **빽빽한** 내용에 나는 그저 어안이 벙벙할 뿐이었다. 주말 동안 이러이러한 작업을 해 주기 바란다는 말을 듣고 정식 출근도 하기 전에 업무를 시작했다. 대기업 C사에 자문용역제안서를 제출하기 위한 업무였는데, 학부 시절 파워포인트를 충분히 잘 익히지 않았던 것이 업무에 차질을 빚었다. 지금도 파워포인트를 썩 잘하는 편은 아니지만, 지금 했으면 한 시간이면 될 일을 몇 시간을 끙끙대며 고생했으니 말이다.

입사 첫 주부터 신고식을 호되게 치르고 난 뒤, 다음으로 맡게 된 업무는 모 기업의 자회사인 D사를 매각하는 자문이었다. 지방에 있는 D사는 인근 지역에 난방을 공급하고 동시에 전력을 생산하는 열병합 발전업을 하는 회사였다. 자문은커녕 M&A(인수·합병)가 무엇인지도 잘 모르는 상태에서 선배인 권 차장님과 둘이서 일주일간 지방 출장을 가야 했다. 그야말로 부담 백배였다. 보통 프로젝트를 수행할 때는 차장, 과장, 스태프 각 1명으로 한 팀을 짜는데 이번에는 과장급 인력이 없었다. 만약 실수라도 한다면 곧바로 권 차장님의 지적을 받아야 할 터였다.

낮 동안 정신없이 일하다가 밤에는 D사 관계자들과 술을 마시고 숙소로 돌아왔다. 숙소에 복귀한 뒤에도 끝나지 않은 그날의 업무를 정리하느라 새벽까지 잠자리에 들 수가 없었다. 일주일 일정(서울에서 D사까지 내려갔다가 다시 서울로 올라온 날들을 빼면 실제로 일을 한 것은 4박 5일이었다.)으로는 그 분야 산업에 대한 파악, M&A 프로세스 및 가치평가 업무 등 그 많은 일을 해낼 수 없었다. 결국 다 끝내지 못한 일들을 뒤로 미룬 채 서울로 올라와야 했다.

D사 매각 업무 중에 이번엔 E사의 사업부를 매각하는 자문 업무까지 동시에 맡게 되었다. 그런데 정말 다행스럽게도 E사 업무를 하는 과정에서 D사 업무에 도움이 되는 내용들을 많이 알게 됐다. 즉 두 회사가 같은 산업에 종사하고 있었기 때문에 기술적인 부분에서 공통점이

:: 팀의 막내인 필자를 배려해 준 고마운 CF본부 팀원들과 함께 회의실에서.

많았고, 인문계 출신인 나에게 기술적인 부분에 대한 학습은 기업가치 평가 업무를 할 때 큰 도움이 되었던 것이다.

또 나와 함께 일한 권 차장님이 워낙 꼼꼼하게 잘 가르쳐 줬다. 그는 팀 내에서 '호랑이 선배'로 통했지만, 열심히 하고자 하는 후배는 적극적으로 도와주는 스타일이었다. 나는 잔업이나 야근도 마다하지 않겠다는 신입 사원의 패기를 보였고, 그로부터 많은 것을 배워 1년차가 하기에는 약간 버거울 수 있는 업무까지도 맡을 수 있었다.

그런가 하면 엄청 바쁜 가운데도 좋은 팀원들 덕을 톡톡히 본 일도 있다. 2012년 2월 밸런타인데이 즈음 내게도 여자 친구가 생겼다. 그즈음 시간 여유가 생겨서 주말 출근을 하지 않았고 덕분에 주말마다 여자 친구를 만났다. 자연스레 여자 친구는 나의 직장이 여유롭다는 인식을 갖게 되었다. 그런데 정식으로 사귀기로 한 직후에 대기업 F사의 사업부 분할 자문 업무에 투입되었고, 폭주하는 업무량으로 인해 3월 말까지 주말 근무를 계속하였다. 그래서 정작 정식으로 사귀기로 한 다음

주 주말에 여자 친구를 못 만났고 그 이후로도 잘 만나지 못했다.

그러던 어느 날, 우리 팀 권 차장님이 뜬금없이 "정회림 회계사는 여자 친구를 언제 만날 건가요?" 하고 물었다.

무슨 소리인가 싶어 내가 멍한 얼굴로 쳐다보자, 권 차장님은 "토요일, 일요일 중 하루만 근무하도록 하죠. 정 회계사가 여자 친구 만나는 날을 피해서."라고 하는 게 아닌가.

어떤 팀은 윗사람이 자신의 주말 일정에 맞춰 팀원들의 주말 근무를 정한다고 한다. 심지어 금요일 밤에 "내일 나오세요."라고 통보하기도 한다는데, 우리 팀은 팀원 3명 중 가장 막내인 나의 연애 사업을 배려해 주말 근무 일정까지 조절해 주었던 것이다.

FAS, 세무, 감사를 거쳐 다시 FAS로

삼정회계법인의 장점 중 하나가 1년차 때 회계법인의 여러 업무를 경험할 수 있다는 점이다. 신입 회계사의 소속 본부를 의무적으로 순환시키는 풀링 제도 덕이다. 나는 이 풀링 제도의 특혜를 제대로 받은 사람이다. 사람 사는 인생사가 다 그렇듯, 내가 하고 싶은 일은 남들도 하고 싶어 한다. 부서별로 신입 회계사를 받는 인원은 정해져 있는데 인기가 있는 부서는 적은 인원만을 뽑는다. 그래서 인기 있는 부서에서 일하고 싶으면 미리 해당 부서 임원들에게 연락을 취하기도 하고, 동기들 중 누가 어떤 부서에 지원했는지 촉각을 곤두세운다.

나의 두 번째 소속 부서는 택스였고 세 번째는 감사부서였다. 택스부서와 감사부서에서는 각 3개월을 근무했다. 택스부서에서는 세무조정 및 세무조사 지원 업무를 하였고, 감사부서에서는 캐피탈, 증권, 자산운용사 등에 대한 분반기 검토 업무를 하였다. 그렇게 1년 동안 나는 회계법인이 수행하는 가장 대표적인 업무인 감사, 택스, FAS를 모두 경험하는 행운을 누렸던 것이다. 감사부서가 가장 많은 사람을 뽑고 택스 및 FAS부서는 적은 수의 인원만을 뽑기 때문에 상당수 신입 회계사들이 1년간 감사만 경험하거나 감사와 기타 다른 부서 등 총 2개 부서만 경험하고 최종 부서로 간다.

부서에 따라 각각 다른 장단점이 있기 때문에 보통 1년차들이 최종 부서를 선택할 때에는 자신의 성향에 맞춰 지원한다. 나는 내가 겪은 부서 모두 업무 내용도 좋았고 사람들도 다 좋았지만, CF본부에서의 업무가 가장 마음에 들었기에 최종 본부는 FAS의 CF본부로 결정하였다.

"왜 회계사 하셨어요?"

회계사가 된 후에 주변에서 가장 많이 들었던 질문 중 하나가 "왜 회계사 하셨어요?"이다. 동기, 선후배, 클라이언트 들로부터 수없이 받아 본 질문이지만, 사실 이에 대한 나만의 정답은 아직도 없다. 다만, '왜 회계사가 좋은지'는 이제 조금 알 것 같다.

아직까지 회계사로서 아는 것은 많지 않지만, 지금까지 겪어 본 바로는 다음과 같은 점들을 들 수 있을 것 같다.

첫째, 회계사는 다양한 회사를 접하며 다양한 엄무를 경험할 수 있다. 평생직장 시대는 끝난 지 오래라고들 한다. 다시 말해 언젠가는 맨 처음 입사한 회사에서 나와 새로운 직장을 구해야 한다는 것이다. 경력

:: 모든 회계사들은 1년차 및 2년차 수습을 마치는 과정에서 한국공인회계사회가 주최하는 시험을 본다. 필자는 수습 2년차 외부 감사 실무 연수 때 성적 우수자상을 받았다.

직으로서 다른 직장으로 옮겨 가기 위해서는 어떤 일이든지 간에 이전 회사에서 충분히 배우고 그러한 경험과 지식을 다음 회사에서 활용할 수 있어야 하는데, 회계사는 바로 그런 점에서 다른 직업에 비해 훨씬 유리하다. 회계사로 일하는 동안 다양한 회사를 접할 수 있기 때문이다. 재무회계 분야(감사)든, 세무 분야(tax)든, 재무기획 분야(FAS)든 간에 온갖 회사를 접하는 가운데 자신의 분야에서 전문성을 키울 수 있다.

둘째, 회계사는 숙련된 전문직이다. 인력시장에서 전문성을 인정받아 '원하는 인재'로 채용될 가능성이 높다. 최근 들어 금융권 대기업과 공공 정부기관은 물론 다양한 곳에서 공인회계사를 채용하고 있다. 또 다양한 업무 경험과 전문성을 바탕으로 개인 공인회계사 사무소를 열 수도 있다.

셋째, 만약 회계법인에서 오랫동안 직장 생활을 할 수 있다면 그것은 그것대로 좋다. 나이가 들어서도 회계법인 임원으로서 직접 고객들을 만나며 적극적인 활동을 한다면 자신의 역량을 펼칠 수 있을 뿐 아니라 높은 급여도 보장되기 때문이다.

　돌아보면, 지난 2년간 공인회계사로서 참 많은 경험을 한 것 같다. 하지만 아직도 나에겐 회계사로서 산 날보다 회계사로서 살 날이 훨씬 더 많다. 회계사로서 앞으로 얼마나 더 많고 다양한 종류의 경험을 하게 될지 너무나 기대된다.

2장

다양한 회계사의 세계

회계사의 변신은 무죄!

| 강경모 |

2005년 고려대 경영학과 재학 중 공인회계사 시험에 합격하여 KPMG삼정회계법인, 삼정데이타서비스를 거쳐 현재는 딜로이트안진회계법인에서 회계사 겸 컨설턴트로 재직하고 있다. IT 관련 자격 시험뿐 아니라 미국 뉴욕주 공인회계사 시험에도 합격해 회계사로서 전문 영역을 넓혀 가고 있으며, 현재 경찰청 및 인천 국제공항에서 영어통역 자원봉사요원으로도 활동 중이다.

"딜로이트에서 일하신다고요? 머리가 좋으신가 봐요!(Deloitte? You must be smart!)"

2010년 한 지인의 소개로 한국에서 비즈니스를 하는 외국인들의 모임에 초청을 받은 적이 있다. 한 무리의 외국인들과 어울리면서 나를 딜로이트에서 근무하는 회계사라고 소개했다. 그러자 그들은 회계사라는 타이틀에 반응을 보이는 한국 사람들과 달리 내가 근무하는 딜로이트에 대해 관심을 보였다. "어쩜 그렇게 입사하기 힘든 회사에서 근무하냐."며 나에게 스마트 가이라고 칭찬했다. 처음 보는 외국인들에게도 인정받는 회사에 다닌다는 사실에 새삼 으쓱했다.

돌아보면, 경영학도로서 자격증 하나 정도는 가지고 졸업하자는 생각으로 공인회계사 시험에 도전했다. 그리고 공인회계사 시험에 당당히 합격한 지 어느덧 7년이 넘었다. 대형 회계법인에서 처음 회계사로서의 커리어를 시작한 이후, 소위 회계법인 업계에서 '핫 시즌(hot season)'이라 불리는 1월부터 3월까지의 살인적인 업무도 여러 번 경험했고, 내 또래의 다른 사회인들이 경험해 보지 못했을 업무 스트레스도 받아 왔지만, 나는 지금껏 단 한 번도 회계사라는 직업이 나의 천직이라는 생각을 버린 적이 없다.

'여의도에서 가장 비싼 건물로 출퇴근을 할 수 있다', '높은 연봉을 받고 남들에게 대우받으며 일할 수 있다' 등 대형 회계법인 소속 회계사의 이점은 많이 있지만, 내가 회계사를 천직으로 생각하게 된 가장 큰 장점은 다양한 회사와 다양한 사람들, 다양한 업무를 경험할 수 있다는 것이다.

회계법인에는 자기 자리가 없다?

다양한 고객사에 감사와 컨설팅 등 여러 서비스를 제공하는 업무 특성상 회계사들은 여러 회사를 찾아다니며 근무를 한다. 그래서 회계법인 내에는 파트너들 말고는 고정된 자기 자리를 갖고 있는 회계사가 거의 없다.

다양한 업종의 고객사를 확보하고 있는 대형 회계법인에서 일하면 각자의 스케줄에 따라 여러 고객사들에 감사, 컨설팅 등의 서비스를 제공하면서 그 업종에 대한 직간접적인 경험을 하게 된다. 나의 경우 은행업, 증권업, 캐피탈 등 금융사들에서 업무를 주로 하면서 그 사이사이 제조업, 건설업, 방송통신업 등 비금융권 고객사를 상대했다.

:: 어마어마한 양의 자료가 담긴 저 '판도라의
상자'가 열리는 날, 감사 시즌도 함께 시작된다.

하루에도 수많은 거래 데이터를 쏟아 내는 은행이나 증권사 업무를
할 때는 엄청나게 방대한 데이터와 몇 달을 씨름하기도 한다. 그나마도
전자화되지 않은 문서를 가지고 업무를 진행해야 하는 금융실사에 투
입되기라도 하는 날에는 그야말로 문서의 홍수에 빠져 허우적거리기도
여러 번이다.

제조업체와 업무를 할 때면 금융권과는 사뭇 다른 분위기에서 일을
하게 된다. 회사 관계자들을 직접 상대해야 하는 일이 많다 보니 회사
관계자들과 개인적으로 친분을 쌓는 경우도 있고 업무가 끝나면 함께
술자리를 갖는 일도 더러 있다. 일례로 건설업체를 감사할 때에는 감사
팀원을 배정하는 기준이 회계사로서의 역량보다는 주량이라는 우스갯
소리가 있을 정도로 건설업계는 술을 많이 마시기로 유명하다. 나 역시
신입 회계사 시절 유명 건설회사 감사팀에 배속된 적이 있는데, 젊은
혈기와 체력을 바탕으로 회식 자리에서 폭탄주를 20잔 연속 마셔 그 감

사팀의 고정 멤버가 되는 영광(?)을 누리기도 하였다.

이 외에도 방송사와 신문사, 게임회사 등 정말 다양한 업계의 사람들을 만나며 회계사로서의 업무 영역을 확대할 수 있다.

"오늘 돼지를 세러 갑니다"

지난 2005년 회계사 시험에 합격하고 막 근무를 시작했던 초년생 시절, 신입 회계사에게 주어지는 재고자산 실사입회 업무는 아직도 기억이 생생하다. 재고자산 실사입회는 고객사의 재무제표상 재고자산이 실제 보유하고 있는 자산과 일치하는지를 확인하는 업무로, 고객사의 업종에 따라 다양한 종류의 재고자산을 볼 수 있다는 점에서 매우 흥미로웠다. 나는 반도체 회로기판, LED전구, 전선 코일에서부터 초고층 빌딩 건설 현장, 한쪽 벽을 가득 메운 현금다발, 산처럼 쌓여 있는 옥수수가루 등 다양한 자산실사를 경험했다. 그중 가장 기억에 남는 재고자산은….

금융업 감사 업무를 주로 하던 어느 날이었다. 느닷없이 하달된 재고실사 업무에, 어떤 종류의 재고인지, 또 무엇을 준비해야 하는지 등을 같이 실사를 나가기로 한 선배 회계사에게 물었지만 어쩐 일인지 답변을 피했다. 그는, 다만, 얼룩덜룩한 전기 조서를 건네주며 작은 당부를 몇 가지 했다.

"강경모 회계사, 좋은 옷 대신에 버려도 되는 옷을 입고 오세요. 식사는 하지 않고 오는 게 좋을 것 같네요."

그때는 그게 무엇을 의미하는지 전혀 몰랐다. KTX 열차를 타고서야 나는 진실을 알 수 있었다.

"사실 오늘 우리는 돼지를 세러 갑니다."

돼지 축사들이 넓게 자리한 농장은 입구에서부터 전해 오는 그 향기가 범상치 않았다. 머릿속에는 최대한 빨리 일을 끝내야겠다는 생각밖에 없었다. 농장에 들어서자마자 바로 재고실사에 착수했다. 귀여운 새끼 돼지들은 재고 리스트상에서 생후 일수에 따라 '재공품', '반제품', '완제품'으로 구분돼 있었다. 생전 처음 보는 신기한 재고 리스트에 기재된 20여 개의 축사 중 3개를 샘플링했다. 아뿔싸, 운이 없었던 건지, 그중 하나가 이 농장에서 돼지가 제일 많은 축사였다.

흰 가운과 장화, 마스크를 착용하고 축사 안으로 들어서자 뼈에 사무치는 듯한 강력한 냄새가 코끝을 자극했다. 빨리 벗어나고 싶은 마음에 서둘러 재고를 세기 시작했지만, 이 '살아 있는 재고'들은 감사인의 마음을 눈곱만치도 알아주지 않았다. 인기척이 나자 밥을 주러 온 줄 알고 꿀꿀거리며 나에게 몰려들었다. 비슷비슷하게 생긴 돼지들 사이에서 같은 녀석을 중복으로 세기도 하며 다시 세기를 몇 차례나 되풀이했는지 모르겠다.

우여곡절 끝에 돼지 1700마리의 재고실사를 마쳤다고 생각했는데 사무실에 돌아와서 다시 맞춰 보니 돼지 4마리가 비었다.

"두 시간 전에 셌는데, 그럴 리가 없습니다."

축사장이 애절한 목소리로 반박했다. 다시 돼지우리로 들어가야 한다며 작업복과 장화를 챙기던 축사장의 모습은 흡사 공포영화의 한 장면 같았다. 도저히 다시 들어갈 수가 없었던 나는 축사장에게 회계사의 '중요성의 원칙'에 대해 설명했다. "회계사의 전문가적 판단 기준에 의거해 그 차이가 중요하지 않은 경우 적정하다고 간주할 수 있다."며 한

:: 이번 감사 시즌 동안 씨름해야 할 서류 뭉치들 앞에서 해맑게(?) 웃고 있는 필자.

참을 설득한 끝에 축사에 다시 들어가야 할 뻔했던 위기를 겨우 모면했다. 위기 아닌 위기였지만, 돌이켜 보면 현장에서 근무하는 사람들의 숭고한 직업 정신을 엿볼 수 있는 좋은 경험이기도 했다.

"1 더하기 1은 얼마입니까?"

"1 더하기 1은 얼마입니까?"라는 질문에 수학도가 수학적인 증명을 시도하고 철학박사가 철학적인 답을 찾는 동안 회계사는 "얼마를 원하십니까?"라고 되묻는다는 우스갯소리가 있다. 회계사가 회계 업무를 처리하는 방식에 따라 기업의 실적이 다르게 나올 수 있다는 점을 집어낸 농담이다. 실제로 회계법인은 고객의 요구에 따라 필요한 숫자를 분석하고 가공하는 서비스를 제공하기도 한다. 컨설팅이 바로 그러한 서비스라고 할 수 있다.

국내 기업들이 한국채택국제회계기준(K-IFRS)으로 회계 시스템 변환 과정을 끝내서 회계법인들의 매출 특수가 끝난 요즘, 회계법인들은 새로운 수익원을 발굴하고자 발 빠르게 움직이고 있다. 이러한 움직임 가운데 하나가 회계법인의 컨설팅 업무 진출이다. PwC, Deloitte, KPMG, 언스트앤영(E&Y)과 같은 대형 회계법인은 일찍부터 전문 컨설팅 회사를 따로 두고는 회계법인의 감사 서비스와는 별개로 컨설팅 서비스를 제공해 왔다. 하지만 최근에는 컨설팅 업무에서도 회계 마인드를 요구하는 일이 많아서 회계법인이 직접 컨설팅 서비스를 제공하고 있다.

또 전통적인 컨설팅 서비스는 전략(Strategy), 운영(Operation), IT (Information Technology)로 영역을 나누어 개별적으로 서비스를 제공했으나, 최근에는 전략과 운영, 운영과 IT, 또는 세 분야를 종합적으로 융합해 서비스하는 경향을 보이고 있다. 이에 따라 컨설팅 서비스를 제공하는 회계법인도 운영 컨설팅을 중심으로 전략, IT 컨설팅으로도 영역을 넓혀 가는 경향을 보이고 있다.

회계감사와 컨설팅 업무의 가장 큰 차이는 의사 결정 여부다. 회계감사는 회계기준을 바탕으로 원칙적인 회계 처리를 제시하는 역할을 하는 데 비해 컨설팅은 프로젝트 목표를 제시하고 이를 달성하기 위해 의사 결정을 해 나가는 역할까지를 포함한다. 물론 의사 결정의 주체는 고객사이다. 컨설턴트의 역할은 고객사가 올바른 의사 결정을 할 수 있도록 이끄는 것이다. 서로의 의견이 같을 수 없기에 충분한 의사소통은 필수이며, 근거 자료를 바탕으로 확실한 논리를 펌으로써 고객을 설득하기도 하는데 때로는 의견 충돌이 격해져서 언성이 높아지기도 한다.

한번은 한 고객사의 정책을 설계해 주는 컨설팅 업무를 수행하던 중에 고객사 팀장이 내가 만든 작업 파일의 논리가 잘못되었다며 따지고 들었다. 나 또한 살짝 기분이 상했던지라 그에 대해 강하게 반박을 하면서 상황이 악화됐고, 급기야 서로 언성이 높아져 문서를 집어 던지는 일까지 벌어질 정도로 분위기가 험악해졌다. 상식 밖의 행동에 화가 났지만, 그 자리에서 감정적인 대응은 상황을 악화시킬 뿐이라는 생각에 꾹 참았다. 많은 생각과 궁리 끝에 만든 나의 논리가 잘못되지 않았다는 확신이 있었다. 나는 다시 차근차근 설명을 하며 고객사를 이해시켰다. 상당한 시간을 들여 나의 논리가 옳음을 고객사에게 납득시킬 수 있었고 프로젝트는 잘 마무리되었다.

IT 전문 회계사를 향한 한 걸음, 한 걸음

졸업과 동시에 회계사로 근무를 시작한 나는 국내 은행과 해외 은행 등 세계 최고 수준의 은행들을 감사하면서 매일 그 방대한 재무 정보를 산출하는 복잡하고도 정확한 시스템에 흥미를 느꼈다. 이를 더 배워 보고 싶다는 생각에 산업기능요원으로서의 길을 선택해 2006년부터 2008년까지 IT호스팅회사에서 복무하고 병역을 마쳤다.

IT 호스팅 회사 근무 시 처음 얼마간은 PHP, SQL 등을 밤새워 공부하며 웹 프로그래밍과 데이터베이스에 대해 배웠다. IT 시스템 관련 지식이 깊지 않기 때문이다. 이런 나의 노력이 회사의 인정을 받아 산업기능요원의 신분으로 여러 중요한 프로젝트에도 참여하게 되었다. 컴퓨터 프로그래머로서의 개발 업무였다. 프로그램의 이면을 들여다보면서 방대한 양의 데이터가 처리되는 메커니즘을 배울 수 있는 좋은 기회였다. IT 회사에서의 업무 경험은 이후 회계사로서 스스로를 차별화할 수 있는 기반이 되었다.

몇 년 전, 모 저축은행의 재무회계 시스템을 분석하는 업무에 투입되었을 때 일이다. 저축은행의 데이터 규모가 일반 은행 못지않게 상당했기에 나는 원천 데이터를 담고 있는 서버에의 접근 권한을 요청하였다. 엑셀 형태로 자료를 분할, 제공받아 업무를 처리해 왔던 과거의 회계사들과는 다른 방식으로 업무에 접근하는 나를 모두들 이상하게 생각하며, 회계사가 데이터를 다뤄 봐야 얼마나 다룰 수 있겠는가 하는 눈초리로 지켜보았다.

하지만 IT 회사에서 근무하며 익힌 SQL 등을 활용해 직접 방대한 데이터를 다루고 분석한 다음 데이터상의 오류들과 임의로 가공된 데이터들을 하나하나 밝혀내고 이에 대한 규명을 요청하자, 회사는 데이터 조작이 있었음을 시인하였다. 나는 그때 이미 저축은행의 도덕적 해이가 심각한 수준이라는 것을 알았고 조만간 큰 혼란이 일어날 것이라고 예상했다. 실제로 2012년에 저축은행 영업 정지 사태가 일어나고 그들의 비리와 전횡이 세상에 드러났을 때 나는 놀라기도 했지만, '데이터는 거짓말을 하지 않는다.'는 진리에 더욱 확신을 갖게 되었다.

재무전문가인 회계사로서 그러한 데이터가 만들어지는 근간 시스템에 대해서도 잘 알고 있다면 시장에서 그 희소성은 더욱 높아질 것이다. 이후 내가 컴퓨터를 기반으로 한 회계 및 세무 강의를 하는 기회를 잡았던 것도, 지인들을 도와 소셜커머스 회사 '드림딜즈'를 만들었던 것도 IT 전문 회계사를 향한 나의 노력이 하나하나 작은 열매를 맺은 것이라고 생각한다. 회계사의 업무 영역은 다른 분야와의 융합과 접목을 통해 이처럼 확대될 수 있다.

회계사 업무, 이제는 글로벌하게~

전 세계 회계사들과 협력 업무를 할 수 있다는 것은 대형 회계법인 근무의 큰 장점 중 하나이다. 딜로이트와 같은 대형 회계법인은 멤버 펌(member firm) 형태의 계약을 통해 세계 곳곳에 진출해 있다. 같은 네트워크의 회계사들은 전 세계에 흩어져 있을지언정 통합된 감사방법 론을 교육받으며 하나의 감사 프로그램을 사용한다. 또 일정한 수준의 관리를 받으며 서로 협력한다. 이런 글로벌 협력 체계는 글로벌 기업들 을 감사할 때 특히 빛을 발한다.

국내 기업 가운데 대만에 현지 법인을 둔 모 업체에 대해 외부 감사 가 이루어질 때면 딜로이트 한국, 대만, 인도 법인이 모두 관여될 정도 로 글로벌 네트워크가 긴밀하게 이뤄진다. 이 업체는 매 분기에 딜로이 트 한국 법인뿐 아니라 대만 법인으로부터 감사 협조 공문을 받으며 감 사를 시작한다. 감사 협조 공문에 첨부돼 있는 딜로이트 멤버 펌들은 감사 지침을 준수하면서 감사 업무를 수행하고 이에 대한 감사보고서 를 국문과 영문으로 동시에 작성한다. 영문 감사보고서를 발행하기 위 해서는 국문 감사보고서와 동일하게 내부 검토 절차를 밟아야 하기에 영어를 공용어로 사용하는 딜로이트 인도 법인으로부터 추가 검토를 받기도 한다. 이러한 검토 업무 요청은 글로벌 웹사이트상에서 이뤄지 는데, 요청과 동시에 나의 요청 사항을 인도 법인의 어떤 회계사가 처 리, 담당하는지 연락을 받게 된다. 검토 결과에 대해서는 인도 법인의

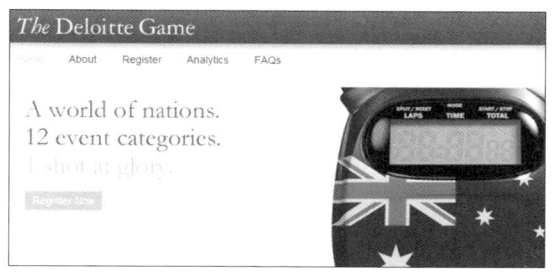

:: 전 세계 딜로이트 소속 회계사들의 흥미진진한 내기의 현장인, '딜로이트 게임즈'.

회계사들과 지속적인 의사소통을 거쳐 종료되고, 모든 리뷰가 완료된 이후 딜로이트 한국 법인의 이름으로 발행한 감사보고서가 딜로이트 대만 법인에 전달되면서 글로벌한 감사 업무는 종료가 된다.

그뿐 아니다. 런던에 본사를 둔 외국계 기업의 한국 지점에 대한 감사 의견을 나누고, 미국 시장에 상장한 국내 기업에 대해 한국 회계기준으로 작성된 재무제표를 미국 회계기준으로 변환하는 일을 하고, 해외에 채권을 발행하고자 하는 기업을 위해 보고서를 발행하는 등 다양한 글로벌 서비스를 제공한다. (사실 이 글을 쓰는 지금 이 순간, 나는 내부 회계관리제도를 검토해 달라는 의뢰를 받고 호주 시드니에 파견을 나와 있다.)

전 세계 회계사 및 컨설턴트와의 의사소통과 교류는 업무에만 한정되지는 않는다. 매 올림픽이 열리는 해에 딜로이트에서는 '딜로이트 게임즈(Deloitte Games)'라는 행사를 한다. 전 세계 딜로이트 소속 회계사들이 어떤 국가가 어떤 종목에서 얼마나 많은 메달을 딸 것인가를 두고 일종의 내기를 하는 것인데, 실제로 돈을 걸지는 않지만 그 열기는 어떤 내기 못지않게 뜨겁다. 회계사들은 각자 자기 팀을 만들어 팀명을 정하고 팀 엠블렘까지 직접 디자인하여 참여하는데, 영국 딜로이트에서는 종목별 우승 확률 예측 리포트까지 만들어 분석할 정도였다고 하니 그 열기를 가히 짐작할 수 있을 것이다. 육상에서 자메이카의 선전을 예측한 나의 '팀 케이영(Team K-Young)'은 우사인 볼트와 셜리 앤 프레이저 프라이스가 각각 남녀 100미터 달리기에서 우승하면서 아주 흡족한 성적으로 2012년 런던 딜로이트 게임즈를 마무리하였다.

딜로이트 게임즈에서 가장 높은 순위를 차지한다고 해서 올림픽에 출전한 선수들처럼 금메달을 받거나 어떤 금전적인 보상이 있는 것은 아니다. 하지만 올림픽을 보는 즐거움이 더 커질 뿐 아니라 전 세계 회계사, 컨설턴트와 함께 열광하며 무언가를 공유한다는 기쁨은 금메달만큼이나 값지고 그 어떤 것으로도 대체할 수 없는 것이었다.

회계사의 변신은 무죄

현재 회계사가 한 해에 1000명 가까이 배출되면서 그 공급이 부족하지 않게 되었지만, 법률과 회계기준 등의 변경으로 업무는 급증하고 고객사로부터 받는 감사 보수는 현실을 제대로 반영하지 못하고 있다. 회계업계의 이러한 상황을 타개하기 위해 누구는 회계사의 수를 줄여야 한다고 하고, 또 누구는 회계감사를 법정 감사화해서 감사 보수를 높여야 한다고 주장한다.

하지만 경제학의 수요공급법칙에 따르면, 서비스 시장에서 회계사에 대한 수요가 꾸준히 늘고 있으므로 회계사 공급은 더 늘어야 한다. 또 회계 정보에 대한 수요자들의 가치 의식을 반영해 책정되는 감사 보수의 현실화는, 수요자들이 회계 정보를 더 가치 있게 받아들이도록 해줘야만 달성이 가능하다. 회계 정보가 사회 공공재로서의 성격도 띠고

:: 사회가 요구하는 회계사의 다양한 역할을 소화하기 위해 사내 교육과 세미나를 통한 학습은 물론 회계사 스스로 끊임없는 자기개발이 필요하다.

있다는 점을 감안하면 감독 당국의 제도적인 보완도 필요하지만, 회계사 자신이 회계 정보의 가치를 올리기 위해 스스로를 변화시키며 꾸준히 노력해야 한다.

대형 회계법인에서는 내부 교육을 통해 회계사들 간에 지식을 공유하고, 세미나를 열어 선진 사례를 배우고, 워킹 그룹을 조직해 새로운 트렌드를 미리 예측함으로써 고객 회사들을 선도하고자 노력하고 있다. 앨빈 토플러(Alvin Toffler)가 『부의 미래(Revolutionary Wealth)』에서 말한 것처럼, 시속 100마일로 달리는 기업들을 상대로 서비스를 제공하고자 회계법인은 시속 100마일 이상으로 달리고 있는 것이다.

대형 회계법인에서 회계사로 일한다는 것은 '지식'을 파는 '장사꾼'이 장사를 계속하기 위해 끊임없이 '밑천'을 쌓듯 간단없이 공부하여 다양한 업종의 회사들에게 서비스를 제공하고, 특정 지역이 아닌 전 세계적인 업무를 주도하며, 서비스 영역을 한정하지 않고 나의 적성에 맞는 업무를 찾아가는 것을 뜻한다. 나 역시 대형 회계법인의 회계사로서 현재 내가 있는 자리에서 배우고 익힌 지식과 경험, 끊임없는 도전 정신을 바탕으로 글로벌 회계사로서의 경력을 채워 나갈 것이다. "회계사는 숫자로 된 모든 정보를 해석하여 새로운 가치를 창조하는 사람"이라는 한 선배 회계사님의 말씀을 떠올리며 마음을 다잡아 본다.

빅4회계법인에서 나와 '나의 길'을 걷다

| 박서욱 |

2002년 홍익대 경영대학 경영학과를 졸업하고 2005년 서울시립대 회계학 석사 과정을 수료했다. 2005년 제40회 공인회계사 시험에 합격했으며 딜로이트안진회계법인과 KPMG삼정회계법인에서 근무했다. 현재 한성회계법인 이사로 재직 중이며 삼일회계법인 부속 삼일아카데미, 더존 평생교육원 등에서 회계 및 세법 강의를 병행하고 있다.

한국의 공인회계사는 시험 합격 후 2년간의 연수 과정을 거쳐 회계사로 등록을 한 뒤에도 매년 40시간의 연수를 받아야 한다.

2012년 9월 3일 오전, 나는 지난해에 완료하지 못한 40시간 연수 때문에 사이버 강좌를 수강하기 위해 컴퓨터 앞에 앉았다. 그런데 오늘은 하늘도 날 도와주지 않는가 보다. 하필 컴퓨터가 고장이 났다.

연수 과정 이수는 물 건너갔고, 컴퓨터 AS센터 인근에 자리한 커피숍에서 이번 주 업무 일정과 9~10월 중간감사 일정을 정리하기로 했다. 통상은 우리 회계법인에서 규모가 가장 큰 상장업체들의 일정을 우선순위로 잡고 그 뒤에 다른 회사들의 일정을 맞춘다. 우선 K업체의 A 과장에게 전화를 했다. 부가가치세 예정 신고와 상장사의 공시 일정을 고려해 10월 마지막 주에 중간감사를 하고 11월 셋째 주에 중국 선양에 있는 자회사에 대한 감사를 하기로 일정을 확정했다. 그런 다음 바로 천안에 있는 W건설사 감사 일정을 잡기 위해 전화를 하려는데, 인수·합병(M&A) 관련 컨설팅 회사에서 일하는 이상훈 회계사에게 전화가 왔다. 그는 자신이 지금 맡고 있는 상장회사 매수 자문에 필요한 가치평가 용역을 우리가 수행할 수 있을지 여부를 물었다.

나는 이상훈 회계사를 지난 4월 M&A 업무 때 처음 만났다. 고객들(매수자와 매도자) 간에 입장이 크게 달라서 3개월 이상 치열하게 각축전을 벌였는데, 상대편 대리인 회계사가 바로 그였다. 이상훈 회계사가 비록 상대편 대리인이긴 했지만 업무 해결 스타일은 물론이고 사람이나 상황에 대처하는 태도가 너무 훌륭하여 업무 종료 후에도 친분을 쌓으며 연락을 주고받는 사이가 되었다.

이번 업무의 경우 M&A 딜과 자본조달전략을 함께 수행해야 하는데, 나의 업무 능력에 대한 강점을 이상훈 회계사가 고객에게 잘 전달하여 업무 제안이 이루어진 것이다.

남들이 선망하는 빅4회계법인을 나와 로컬 회계법인에서 일한 지 벌써 2년이 지났다. 2005년 공인회계사 시험 합격 후 딜로이트안진회계법인과 KPMG삼정회계법인을 거쳐 2010년에 한성회계법인을 개업했다. 처음에는 주변의 많은 이들이 말렸다.

돌아보면 그때의 내 선택이 정말 옳았는지는 솔직히 아직도 잘 모르겠다. 다만, 지금 이 순간 확실한 게 있다면 대형 회계법인에서 배울 수 없었던 다른 분야의 일을 통해 내가 많이 성장했다는 것과 세상을 살아가는 방법 가운데 가장 중요한 것 중 하나가 '진심'이라는 것을 몸과 마음으로 배웠다는 것이다.

나 홀로 신생 업무에…

빅4회계법인에서 근무를 시작하는 대부분의 회계사는 회계감사부서에서 법인 회계감사와 법인세 세무조정, 내부회계관리 구축, 국제회계기준(IFRS) 컨설팅 등의 업무를 한다. 그래서 FAS부서에서 수행하는 기업가치평가, M&A 업무 등은 부서 이동을 통해서만 접할 수 있다. 하지만 나의 경우는 부서 이동이 아닌 다른 방법을 통해 기업가치평가 업무와 M&A 업무를 접하였다.

2009년 말, 내가 재직하고 있던 안진회계법인은 조직 개편을 통한 부서 간 통합을 단행하였는데, 내가 소속되어 있던 감사 1부와 감사 6부가 통합되었다. 모든 회사가 마찬가지겠지만, 조직 개편과 이동이 일어나면 구성원들은 혼란에 휩싸인다. 그동안 몸에 익은 업무 외에도 새로이 통합된 부서의 업무 영역을 받아들여야 하고, 익숙하지 않은 상사들과 조직원들을 맞으며 스트레스를 받을 수도 있기 때문이다.

부서 통합 소식이 발표되자마자 감사 1부 동기들끼리 나눴던 이야기가 떠올랐다. 새로 통합된 부서의 업무 중 하나는 회계법인 내에서도 강도가 높기로 소문난 기업회생과 파산에 대한 가치평가라는 것. 업무 수행 기간에는 거의 매일 밤을 새워 일해야 할 것이라는 말도 들렸었고, 나의 동기 회계사 중 한두 명은 기업회생 업무에 투입된다는 소문도 공공연하게 나돌았었다.

사실 회계법인에서 밤을 새워 가며 일하는 것은 1, 2년차 사회 초년생일 때나 가능하지, 그 시절을 지나온 회계사들은 반복되는 야근과 업무 부담에 한 번쯤은 이직을 고민하기 마련이다. 우스갯소리지만, 회계사들의 야근과 주말 근무는 가족, 친지, 친구 들을 멀어지게 하고 급기

:: KPMG삼정회계법인에서 근무할 당시 동료들과 함께한 즐거운 회식.

야는 이성 친구와도 결별하게 만들어 결국 주위에 아무도 남지 않게 된다는 이야기가 있다. 연차가 올라갈수록 인간관계가 단절돼 더욱 일에만 집중하게 되고 본인의 의도와는 상관없이 결국 유능한 회계사가 되고 만다는, 어찌 보면 슬픈 성장 스토리이다.

홍흥한 소문은 일복 많은 나를 비껴가는 법이 없다. 새로 통합된 부서의 이사는 기업회생 및 파산에 대한 가치평가 업무를 수행할 회계사로 나를 지명했다. 동기들 가운데 오직 나 홀로 그 업무를 수행하게 되었고 새로운 사람들과 일해야 하는 상황에 직면했다. 처음에는 그저 모든 것이 새로웠다. 우리의 업무는 법원에 회생 절차를 신청한 기업의 기업가치와 청산가치를 평가해 회생 신청을 한 기업에게 회생의 기회를 줄지 아니면 회사를 현 시점에서 파산시킬지를 결정하는 것이었다. 절체절명의 위기에 서 있는 회사의 가치를 평가하고 회생 여부에 의견을 제시해야 한다니, 심적인 부담이 컸다.

처음에는 나만 외로이 낯선 업무에 투입되어 고생하는 것 같아 많이 힘들었지만, 지금 생각해 보면 기업회생 업무를 통해 기업가치평가 업무를 할 수 있는 토대를 마련했을 뿐 아니라 벼랑 끝에 선 회사의 사장, 임직원들과의 인터뷰를 통해 기업 위기 발생 가능성과 관련해 다양한 사례를 접할 수 있었다. 어쩌면 나의 회계법인 생활에서 가장 많은 것을 배우고 경험한 것이 이때였는지도 모른다.

내가 이 이야기를 이리 길게 하는 이유는, 인생은 마음먹은 대로 되는 일이 많지 않다는 것과 피할 수 없는 일이라면 그것을 통해 스스로를 성장시키라는 말을 하고 싶어서이다. 처음에는 두렵고 피하고만 싶었던 기업회생 업무가 나를 그 분야의 전문가로 성장시켰고 내가 로컬 회계법인에서 빛을 발할 수 있도록 해 주었다. (현재 내가 근무하는 회계법인은 기업회생 및 개인회생 관련 전문 컨설팅 법인이기도 하다.)

엉겁결에 개업을 하다

사람들은 '왜 모두가 부러워하는 안정된 회사를 나와 개업을 하게 되었는지' 나에게 묻곤 한다. 나는 삼일회계법인의 생산부서 직원들에게 기초회계 강의를 하는데, 강의 첫날에는 늘 이렇게 얘기한다.

"안녕하세요. 최근 개업을 하여 열심히 뛰고 있는 박서욱 회계사라고 합니다. 선배로부터 처음 개업 제안을 받고 저의 친한 친구인 '찌질이'에게 그 이야기를 했습니다. 그랬더니 그 찌질이 녀석이 학교 후배까지 끌어들여 함께 고민해 보자며 적극성을 보이더군요. 저랑 찌질이, 후배는 퇴사를 결정했고 그해 6월 제일 먼저 제가 직장을 뛰쳐나왔습니다. 후배 녀석은 7월에 사표를 던졌고, 찌질이는 그때 맡고 있던 프로젝트가 종료되는 11월에 그만두기로 했습니다. 그런데 막상 11월이

:: 삼일회계법인 부속 삼일아카데미에서 회계 및 세법을 강의하고 있는 필자.

되자 이 찌질이는 집사람의 반대가 심해서 개업하기가 어렵겠다고 했습니다. 그는 여전히 그 회계법인을 잘 다니고 있지요. 생각해 보면 개업을 크게 고민하지 않았던 저와 막둥이만 엉겁결에 개업을 해서 이렇게 고생을 하고 있으니 인생은 제 마음대로 되지 않는 것 같습니다. 여러분도 생산부서인 내가 왜 회계 강의를 들어야 하는지 이해가 안 되시죠? 그런데 인생은 늘 자기가 마음먹은 대로만 움직이는 게 아니라는 사실도 잘 아실 겁니다. 수업 시작하겠습니다."

돌아보면 회계법인 개업 준비를 하던 그 6개월여 기간 동안 후배 녀석과 찌질이 친구와 선배 회계사들과 참 많은 생각과 이야기를 나눴다. 각자의 경쟁 우위는 무엇인지, 효율적인 영업을 위해 무엇을 어떻게 준비해야 할지 등등. 2010년 가을, 우리는 본격적으로 회계법인 설립 준비에 들어갔고 이듬해 1월에 지금의 한성회계법인을 설립하였다. 처음에는 10명의 회계사와 5명의 직원으로 시작하였고, 현재는 16명의 회계사와 약 30명의 직원이 재직하고 있으니 짧은 기간 비약적인 발전을 하였다.

나에게 개업 회계사가 된다는 것은 큰 조직에서의 안정적인 월급 회계사의 길을 접고 '박서욱 회계사'라는 이름으로 고객을 유치하고 생계를 유지해야 한다는 의미였다. 안정 대신 위험을, 안주 대신 모험을 선택했기에 나는 또 다른 나의 성장을 기대하며 기쁘게 이 길을 걷고 있다.

로컬 회계법인에서의 2년 남짓한 경험을 통해 느낀 바는, 로컬 회계법인의 회계사는 회계사의 모든 업무를 이해하고 있으면서도 업무에 대한 다양한 경험과 깊은 이해를 가지고 있어야만 한다는 것이다. 다시 말해 로컬 회계법인의 회계사는 스페셜 제너럴리스트(special generalist)가 아닌 제너럴 스페셜리스트(general specialist)가 돼야 한다.

개업 회계사에게 가장 중요한 것

- "회계사님, 자산 양수도시 공시업무기준인 '중요성 기준'이 총자산가액 10퍼센트인데 그것이 장부가액 기준인가요, 공정가액 기준인가요?"
- "회계사님, 이번에 프랑스 회사로부터 외국인 투자 지원을 받아 법인을 설립하려고 하는데 어떻게 해야 하죠? 투자협약서를 KOTRA(코트라)에서 받아야 하나요, 한국은행에서 받아야 하나요?"
- "회계사님, 우리가 이번에 청년사업자지원금을 신청하려 하는데 어떻게 해야 하나요? 재무제표를 제출하라는데 지금 이 재무제표를 제출해도 되는 건가요?"
- "회계사님, 할아버지께서 돌아가시기 전에 여기저기에 재산을 가

지고 계셨는데, 이 재산을 조회하려면 어떻게 해야 하죠? 상속세 신고를 해야 하는데 방법을 모르겠습니다."

로컬 회계법인을 개업한 후 빅4회계법인 근무 당시에는 받아 보지 못했던 정말 다양한 질문 중 추리고 추린 몇 가지이다. 처음에는 너무 생소해서 즉답을 하지 못했지만 시간이 지날수록 경험이 다양해지고 이해가 깊어지면서 고객들의 질문에 바로바로 확신 있는 대답을 해 주는 일이 늘고 있다.

일반 기업 혹은 사업자들은 '회계사＝법인 및 사업자 관련 모든 내용을 다 알고 있는 사람'이라고 생각한다. 회계는 물론이고 인사, 법률 등등 다각도에서 문의를 해 온다. 하지만 회계사는 회계, 세법, 상법 등 법인 및 사업 관련 일부의 과목을 공부했을 뿐 모든 사례를 다 섭렵하고 세상에 나오는 것이 아니다. 따라서 로컬 회계법인에서는 빅4회계법인에서는 겪을 수 없었던 생소한 업무 혹은 그 시절 중요하게 생각하지 않았던 업무를 수행하기 위해 먼저 개업한 선배들의 조언이 절실하다. 나 또한 그랬다. 실제로 A법무법인의 기장 업무를 수임하기 위한 미팅을 앞두고 변호사 친구에게 업계의 특수성과 변호사들이 가장 궁금해하고 어려워하는 회계 및 세무 부분에 대해 이야기를 듣는 등 만반의 준비를 하였다. 그리고 종래에는 A법무법인 대표의 흡족해하는 표정을 마주하며 기장 계약을 맺었다.

로컬 회계법인을 개업한 회계사로서, 사업을 영위하기 위해서는 법률 및 회계 지식도 필요하지만 다양한 산업에 대한 이해와 경험이 더욱 절실하다. 하지만 실제 그 산업에 몸담지 않고 그 산업을 이해한다는 것은 쉽지 않다. 흔히들 책을 통해 간접적으로 인생 경험을 한다는 이야기를 많이 한다. 나에게 책과 같이 간접 경험을 전수해 주는 매개체는 바로 내 주변 사람들이다. 예를 들어 개업 초기에는 인터넷 쇼핑몰 사업에 대해 전혀 몰랐지만, 청바지 인터넷 쇼핑몰을 운영하고 있는 같은 교회 대학생으로부터 쇼핑몰 사업에 대한 전반적인 사항과 쇼핑몰 업계의 회계 및 세무 관련 어려움 등에 대한 이야기를 들을 수 있었다. 개업을 한 이후부터는 사람이 참 소중해졌다. 그러면서 내가 살아온 과정을 돌아보게 되었고, 과거 내가 진심으로 대했던 사람들은 여전히 나를 진심으로 대해 주고 도움을 주지만, 내가 진심으로 대하지 못했던 사람들은 똑같이 나를 진심으로 대하지 않는다는 것을 알았다. 역시 인생은 뿌린 대로 거둔다.

무료 세무 상담을 통한 깨달음 – "진심은 통한다"

로컬 회계법인을 개업하고 나서 처음 얼마간 무엇보다 힘들었던 점은 들어오는 일이 없어서 시간을 흘려보내야 하는 것이었다. 문득 개업 전에 선배들로부터 제일 많이 들었던 말이 떠올랐다.

"개업해서 당장에 일이 없더라도 만날 사람들이 있다는 것만으로 큰 행복인 줄 알아라."

그래서 사람들을 많이 만나기 위해 노력했고 그 일환으로 '영등포세무서 무료 상담 세무사'를 지원하였다. 사실 처음에는 무료 상담을 통한 재능 기부보다는 개업을 하는 사업자나 법인과의 만남을 통해 기장 영업을 할 수 있을지 모른다는 기대 심리가 있었다. 하지만 무료 상담을 받는 분들은 대부분 상담료를 지불하며 전문적인 세무 상담을 받기 어려운 할머니, 할아버지, 영세 상인이었다. 영업에도 별 도움이 안 되

고 시간만 버리는 듯하여 무료 상담 세무사직을 지원한 것이 조금 후회
도 되었다. '이 시간에 차라리 다른 사람들을 만나는 것이 훨씬 영업에
도움이 되지 않을까? 선배 회계사 말대로 시간당 기회비용을 생각하면
이 일은 시간 낭비인 걸까?' 상담이 점점 형식에 치우치게 되었고 나는
상담 시간을 의미 있게 보내지 못하고 있었다.

그러던 어느 날, 한 중년 남성이 무료 세무 상담을 요청했다.

"저어… 바쁘신 듯한데… 혹시 방해가 되지 않는다면 잠깐 상담을
받을 수 있을까요?"

사실 그날은 중요한 고객사의 세무 이슈로 인하여 무료 상담에 참
석할지 말지 고민 끝에 나온 날이었다. 상담석에서 보기에도 내가 많이
분주해 보였는지 그는 망설이면서 말을 꺼냈다.

"영등포 세무서의 목요일 무료 상담이 오후 2~4시여서 업무 중 시
간을 빼기 어려워 미루고 미루다가 오늘 겨우 상담받으러 왔습니다. 제
가 세금에 대해 아는 것이 없어서요. 좀 부탁드립니다."

그는 과거 근무했던 회사로부터 해고를 당했는데 부당함을 알게 돼
약 3년간의 법적 분쟁을 통해 얼마 전에 승소했다고 한다. 그래서 실제
퇴직일로부터 3여 년간의 급여와 퇴직금을 소급하여 받게 되었는데,
그로 인해 발생하는 소득세 금액이 정확한 건지 어떤 건지 모르겠다고
호소했다.

내 친지 중 비슷한 경험을 한 이가 있어 관련 내용을 금방 검토할
수 있었고 약 100만 원 정도의 세금이 부당하게 원천징수됐음을 발견
해 냈다. 추후 회사에 연락해 해당 금액을 환급받으라고 알려 주며 상
담을 끝냈다. 그러자 그는 한강에서 수상택시 운전을 하고 있다며 감사
의 표시로 내 손에 수상택시 승강권을 쥐어 주었다.

:: 필자는 개업 이후 지금까지 영등포 세무서에서 무료 세무 상담을 하고 있다.

그의 선물은 그게 끝이 아니었다. 그는 사업을 하는 자신의 친구에게 나를 소개해 줬고, 결국 내가 처음에 기대했던 영업 확장이 자연스럽게 이루어졌다. 이 일을 통해 깨달은 바는 나의 작은 도움이 어떤 이에게는 큰 기쁨이 될 수 있다는 것과 진심으로 타인을 대했을 때 나를 기억해 준다는 것이다. 만나는 모든 이에게 항상 최선을 다하고 진실해야 한다는 나의 신념에 다시 한 번 확신을 더하는 순간이었다.

나의 또 다른 꿈은 뮤지컬 배우

인생은 수많은 선택의 기로에 놓여 있다고 해도 과언이 아니다. 중요하게는 학업, 직업, 결혼 등이 그러하며, 작게는 어떤 영화를 볼 것인지, 어떤 자동차를 살 것인지 등이 그러하다. 그 문제가 중요하든지 중요하지 않든지 간에 선택 그 자체만으로도 매우 까다로운 일이다. 그렇다면 나의 경우, 내 인생의 수많은 길에서 선택의 기준은 무엇일까? 그

것은 내 스스로가 보다 더 성장할 수 있는 방향인가 하는 것이다.

대학 시절 나의 꿈은 뮤지컬 배우였다. 내가 가진 능력과 관계없이 단지 뮤지컬이 좋아서 막연하게 갖게 된 꿈이다. 그 시절 나는 자신감이 없어서 내 꿈을 남들에게 말하지 못했다. 하지만 지금 회계사 박서욱은 "작은 극단을 만들어 공연을 기획, 제작하고 배우로 남는 것이 꿈"이라고 당당히 말하고 있다. 그 차이는 무엇 때문일까? 그건 아마도 연기와 공연이 나를 가장 행복하게 만들어 주고 나를 진정으로 성장시키리라는 확신 때문일 것이다. 회계사는 직업 특성상 대기업이나 중소기업의 임원 혹은 부유층을 만날 기회가 많다. 나 역시 많은 임원과 부자를 만났는데, 그들에게서 발견한 공통점은 자기 인생에 대한 자신감과 확신을 갖고 있다는 것이었다. 그건 아마도 그 자리까지 가는 동안 그들이 겪은 많은 경험과 깨달음이 그들을 성장시키고 각자가 꿈꾸었던 내일의 '나'를 만들었기 때문이 아닐까. 다만, 그들 중 대다수가 자아실현을 통한 행복감은 느끼지 못하는 것 같아 못내 아쉽다.

내가 만났던 모 벤처기업 대표는 SNS 사업을 통해 7년 만에 약 70억 원의 부를 거머쥔 성공한 사람이었다. 심지어 멋진 20대 CEO이다. 하지만 아쉽게도 지인의 차가 자신의 차보다 비싸고 좋은 것이라는 이유만으로 배 아파하고 스트레스를 받는 사람이기도 하다.

인간이 가장 중요하게 생각하는 욕구 중 하나는 바로 타인에게서 인정받고자 하는 욕구이다. 그래서 사람들은 끊임없이 다른 이들과 자신을 비교하면서 성장하려 하고 자본주의 시대에 성공의 척도가 되는 돈을 보다 많이 벌기 위해 노력한다. 하지만 내가 만났던 사람들 가운데 제일 행복해 보였던 이들은 잘나가는 회계사나 대기업 임원, 성공한 배우가 아니라 뮤지컬 배우의 꿈을 포기하지 않고 노력하는 사람들이

:: 뮤지컬 배우를 꿈꾸는 필자. 그는 꿈이 있어 인생이 더 행복하다고 말한다.

었다. 이들은 대부분 직장을 가지고 열심히 살아가면서도 자신의 꿈을 위해 부단히 노력했다. 또 타인에게 인정받고자 하는 욕구로부터 자유로워 보였다. 꿈은 나 스스로에 대한 자존감이며 나를 행복하게 하는 근원이기 때문일 것이다.

나는 회계사 시험을 준비하는 동안에는 회계사가 되는 꿈을 꾸었고 회계사가 된 후에는 입사를 꿈꾸었던 최고의 회계법인에 들어갔다. 그러나 행복도 잠시, 항상 쏟아지는 업무 더미 속에서 타인과 나를 비교하면서 스스로를 채찍질하며 살았다.

현재 나는 하루 24시간 중 적지 않은 시간을 공상으로 채우며 살고 있다. 귓가에는 늘 뮤지컬 〈지킬 앤 하이드〉의 타이틀곡 '지금 이 순간'이 맴돌고 있다. 뮤지컬 〈위키드〉, 〈지킬 앤 하이드〉, 〈더 스토리 오브 마이 라이프〉, 〈김종욱 찾기〉, 〈빨래〉를 특히 좋아하며 일 년에 최소 20번은 뮤지컬을 보고 공연 오디션에 1회 이상 참가하고 있다. 빅4회계법인에 근무하던 중에는 브로드웨이 뮤지컬을 보기 위해 뉴욕 소재 회계법인에 지원하기도 했었다.

회계사의 꿈은 이제 어엿한 내 본업이 되었고 앞으로 이뤄질 뮤지컬 배우의 꿈에 모퉁잇돌이 되어 주고 있다. 회계사로서 비영리법인의 회계와 세무, 법인회생 및 파산 실무, M&A 관련 자본시장 등에 주로 관여하면서 수많은 사람들을 만나고 부딪치며 인생 공부를 겸해 현실적인 꿈에 다가가고 있다고 해 두자.

나는 예전보다 항상 지금이 더 행복하다. 회계사 업무를 하면서 다양한 세상 사람들과의 만남을 통해 스스로 성장하고 있고, 나를 행복하게 해 주는 뮤지컬에 대한 꿈을 계속 꾸고 있기 때문이지 싶다. 나는 회계사라는 길이 나에게 주어진 최고의 길이라고 생각하지는 않는다. 하지만 내가 사회에 공헌하며 나를 성장시켜 가는 최선의 선택 중 하나임에는 분명하고 그 선택이 후회로 돌아서는 일이 없도록 늘 최선을 다하고 있다. 또 지금 내가 꿈꾸는 모든 일들이 현실이 되길 기대하며 그것을 위해 진심을 다해 살 것이다.

| 신원철 |

서울시립대 도시공학과를 졸업하고 공인회계사 합격 후 회계법인세현 등에서 근무했다. 2002년부터 신원철 세무회계사무소를 개업, 현재까지 운영하고 있다. 2001~2007년 정&리회계학원과 한성회계학원 등에서 회계원리와 중급회계, 고급회계 등을 강의했고 바른사회시민회의에서 강사로도 활동했다.

사람 냄새 풀풀 나는 복닥복닥 회계사무소

나는 잘 다니던 회계법인을 나와 10여 년 전에 작은 개인 세무회계사무소를 개업해 지금까지 운영하고 있다. 사무실이라고 해 봤자 몇 명 되지 않는 직원과 컴퓨터, 책상 등의 비품이 전부인 소규모 회사이지만, 나는 지금 내 일에 대체로 만족할 뿐 아니라 꽤 큰 즐거움을 느끼며 살아가고 있다. 그것은 남에게 자랑할 만한 자격증 소지자로서의 명예 때문도 아니고, 경제적으로 많은 여유를 가질 수 있어서는 더더욱 아니다.

회계사의 작고도 넓은 세상 파헤치기

나는 회계사라는 자격과 세무사라는 자격을 다 갖고 있다. 지금은 회계사 자격과 세무사 자격을 따로따로 취득해야 하지만, 내가 회계사가 됐을 당시에는 회계사 자격을 취득하면 세무사 자격이 자동으로 따라왔다. 여하튼 회계사나 세무사라는 것도 이 세상에 존재하는 여러 직업 중 하나일 뿐이다. 나는 그중 하나를 직업으로 선택했을 뿐, 어깨를 으쓱거리면서까지 남에게 자랑할 만한 것은 아니라고 생각한다.

또 경제적인 것으로만 따지자면, 나는 일반 회사를 다니는 보통의 샐러리맨들과 별 차이가 없는 수준으로 살고 있다. 일반 회계사들은 대체로 소득 수준이 높은 편이므로, 어쩌면 나는 실질소득이 대한민국의 모든 회계사 중 가장 적은 사람일지도 모른다. 경제적인 부유함은 나와 별로 상관없는 일이기에 이 또한 내가 이 일에 애착을 느끼고 즐거움을 찾는 직접적인 이유는 아니다.

내가 이 일에 만족하고 이 일을 좋아하는 가장 큰 이유는, 이 일을 통하여 많은 분야를 경험할 수 있고 다양한 사람들을 만나 그들에게 삶의 지혜를 배우는 즐거움 때문이다. 여러 물품 제조업이나 도소매업은 물론 각 분야의 임가공업, IT 관련 서비스업, 무역업, 부동산 임대업, 건설업, 약국, 병원, 보습학원, 정육점, 주유소, 대형 음식점, 슈퍼마켓, 카센터, 연예인, 여행사, 출판사, 서점, 헤어클럽, 목욕탕, 옷가게, 패스트푸드점, 뷔페, 고물상, 심지어는 별로 마음에는 내키지 않았지만 룸살롱이나 나이트클럽까지…. 그동안 정말 수없이 많은 회사와 업종을 접하며 그때마다 세상을 조금씩 더 많이 알게 되었다.

"아~ 이런 업종은 주로 이런 방법으로 먹고사는구나. 아~ 이런 회사는 사업을 할 때 이런 게 가장 어려운 문제구나. 아~ 이런 회사는 이런 부수적인 좋은 점이 있구나…."

처음으로 소주와 맥주를 파는 주점의 세무대리 업무를 수행하면서,

나는 주점을 경영하는 사장들은 경찰공무원보다 소방공무원이나 시청의 위생과 직원을 훨씬 더 부담스러워한다는 사실을 새롭게 알게 되었다. 또 백화점에 약정된 판매 수수료를 내면서 장사를 하는 백화점 입점 의류회사 사장이 왜 자신의 매장에서 직접 카드를 긁어 가며 옷을 구입하는지도 알게 됐고, 1만 원에 사 온 물건을 1만 원에 팔면서도 가게를 지혜롭게 잘 운영하는 노(老) 사장의 노하우도 배우게 되었다. 그뿐 아니다. 겉보기에 엄청 허름해 보이는 고물상이 얼마나 실속이 있는지, 우리가 흔히 사 먹는 자판기 캔 커피의 마진이 몇 퍼센트인지, 대부분의 개업 의사들이 겪는 가장 큰 어려움이 무엇인지, 뷔페에서 나오는 하루 음식쓰레기 양이 얼마나 되는지 등등. 어쩌면 소소하고 잡다하다고 생각될 수 있는 것들이지만, 셀 수 없이 많은 새로운 정보들은 늘 내게 신선한 즐거움을 주었다. 더욱이 이렇게 배운 정보와 지식은 그냥 아는 데 끝나지 않고 상당 부분이 내 삶의 지혜로 변화되었다.

그래서 어떠한 통로로든 새로운 회사와 거래하게 될 기회가 생기면, '이번엔 또 어떤 새로운 것을 알게 될까?' 하는 기대감을 갖게 된다. 물론 그 기대감이 항상 충족되는 것은 아니다. 별다른 것이 없을 때도 있다. 그래도 세상은 여전히 엄청나게 넓고 지금 내가 알고 있는 것들은 아주 작은 부분에 불과하기에 앞으로도 나를 새롭게 깨우쳐 줄 많은 분야의 일들이 나를 기다리고 있다는 사실이 나를 흥분시킨다.

"회계사는 만물박사가 아니랍니다"

우리 세무회계사무실이 거래하는 회사들은 업종 불문하고 그냥 구멍가게라고 표현해도 과하지 않을 만큼 작은 회사들이 대부분이다. 원래 우리 회사의 주된 업무는 세무, 회계 관련 컨설팅과 그 업무 대행이지만, 우리와 거래하는 회사들의 대부분은 우리를 세상의 모든 문제를 해결해 주는 '만능 해결사'로 여길 때가 많다. 뭐든 세무나 회계 비슷한 것이라 생각되면 사무실에 문의를 한다. 노사 문제와 관련하여 노무사가 담당해야 할 일도, 법적 문제와 관련하여 변호사에게 문의할 내용도, 업종 허가와 관련하여 구청이나 시청에 문의해야 할 일도 일단은 무조건 우리에게 전화를 한다. 심지어는 자신의 건강과 관련된 문제를 내게 묻는, 어처구니없는 일이 일어나기도 한다.

"나는 세무, 회계 분야에 대한 전문가일 뿐 그 이상은 잘 모릅니다." 라고 설명하면 알았다고 흔쾌히 대답해 놓고도 그 비슷한 일이 생기면 어김없이 내게 전화를 해 온다.

이런 일은 규모가 작고 영세한 회사일수록 더 잦다. 영세한 회사에서 받는 수수료란 것이 사실 아주 적기에 때로 이런 잡다한 일로 신경 쓰고 시간 쓰다 보면 '수수료도 코딱지만큼 주면서…'라는 생각에 짜증스러울 때도 있다. 세무 신고 기간이거나 특별한 일로 업무에 과부하가 걸려 있을 때면 더욱 그렇다.

하지만 달리 생각하면, '그 사람들은 정말 그런 것도 상의할 사람이 없는가 보다. 그래도 그들에게는 우리가 뭔가를 의논할 수 있는 가장 믿을 만한 상대인 걸까.' 싶어서 우리를 좋게 봐주는 그들이 고맙다. 그래서 대부분은 나의 전공 분야가 아니더라도 꼼꼼히 잘 알아보고 설명해 준다. 사실 그 덕에 다른 분야의 일에 대해 꽤 많은 정보와 지식을 갖게 되었다. 어쩌면 그 사람들이야말로 내가 세상 속에서 뭔가를 계속 배우며 살아갈 수 있도록 동기를 부여해 주고 기회를 주는 가장 좋은 사람들일지도 모르겠다.

이런 좋은 사람들과 어울려 복닥대며 일하다 보면 가끔씩 재미있는 경험을 하기도 한다. 내가 세무회계사무소를 개업하기 이전부터 관련 업무를 담당해 주며 개인적으로도 가깝게 지냈던 사장님이 있다. 나이는 꽤 많았지만 나를 동생처럼 챙겨 줘서 금세 친해졌다. 마침 취미도 같아 함께하는 시간이 많았는데, 알고 지낸 지 10년이 훨씬 지난 어느 날, 우연히 사장님의 동생이 꽤 유명한 연기파 배우라는 것을 알게 되었다. 사장님은 굳이 이야기할 필요도 없고 기회도 없어서 말하지 않았다고 했지만, 내 입장에서 더 놀랐던 것은 그 배우가 바로 내 고등학교 동창이라는 사실이었다. 또 한번은 모 회사의 사장님과 용역 계약을 맺고 난 뒤에 그 회사의 실무자에게 인사하러 갔다가 20년 전에 헤어진, 정말 친했던 친구를 다시 만난 경우도 있다. 이와 비슷한 일이 생길 때마다 어떻게 이런 기막힌 우연이 있을까 싶기도 하지만, 한편으로는 세상은 넓은 것 같으면서도 좁으니 늘 정직하고 선하게 살아야겠다는 생각을 하게 된다.

"세금을 무조건 줄이라고요?"

세무대리 업무를 많이 하는 우리에게 가장 어려운 일 중 하나는 너무 자주 바뀌는 세무 정책과 매년 개정되는 세법이다. 정부의 세무 정책은 줏대가 없다. 물론 세법이 정책적으로 반드시 필요한 것은 사실이지만, 한번 결정된 것이면 최소 몇 년은 지속시키며 효과를 기대해야 하는데 너무 자주 바뀌는 통에 전문가인 우리들조차도 정신이 없다. 특히 부동산 관련 정책은 매년, 아니 1년에 몇 차례씩 바뀔 때도 있다. 게다가 매해 개정되는 세법 덕에 연초에는 새로 개정된 세법의 내용을 파악하느라 많은 시간과 노력을 집중 투자해야 한다.

내가 이런 불만을 토로하자 한 친구가 이렇게 말했다.

"그런데 말이지, 세법이 자주 바뀌고 어렵기 때문에 우리가 먹고살 수 있는 건지도 몰라."

듣고 보니, 그 어려움이란 것도 복에 겨운 괜한 징징거림에 지나지 않았음을 인정할 수밖에 없게 된다.

세무대리를 하면서 겪는 가장 큰 어려움은 세금에 대한 사람들의 인식 차이에서 오는 딜레마이다. 어떤 회사의 대표는 무조건 세금을 적게 내는 것이 좋다며 어떻게든 그렇게 만들어 달라고 우긴다. 심지어는 10원도 내지 않겠다며 버티기도 한다. 소득이 없거나 낼 세금이 없어서가 아니다. 그저 세금 내는 것이 정말 아깝다고 생각하기 때문이다. 이런저런 논리와 예를 들어 세금은 당연히 내야 하는 것이라고 설득을 해도 막무가내다.

또 소득과 세금의 관계를 현실적으로 이해하지 못하여 곤란한 상황에 처하는 경우도 있다. 언젠가 실제로 있었던 일이다. 전년도 종합소득세 신고를 하기 위해 모 사장과 논의하던 중에 "사장님, 올해는 사장님 소득이 7000만 원 정도로 결정될 것 같아요."라고 말했더니, 사장이 조금 난처한 표정으로 "아니, 내가 그 정도밖에 못 번 것으로 나와? 그러면 은행에서 거래하기 싫어하고 대출이자율도 오를 것 같은데…. 내 체면도 있고…. 너무 적게 신고하면 세무서에서도 좋지 않은 시각으로 볼 테니, 대충 1억 정도는 벌었다고 신고했으면 하는데."

"그러면 좋겠지만 세금이 꽤 많이 나올 텐데요."

"세금? 내야 한다면 내야지, 뭐."

"그럼, 감가상각비를 계산하지 않고 소득을 1억 원 정도에 맞추어 볼게요."

사장은 흐뭇한 표정으로 꽤 만족해했다.

그러고는 얼마 후….

"사장님! 그럼, 소득은 1억 원 정도로 신고합니다. 세금은 3000만 원 정도 내셔야 하니 미리 준비하도록 하세요."라고 말했더니, 사장은 깜짝 놀라며 무슨 세금이 그렇게 많이 나오냐면서 따지듯이 되물었다.

우리나라 국민은 누구든 이 정도 소득이면 이 정도의 세금을 내야 하고 사장님만 특별히 더 많이 내는 것이 아니라고 말했지만, 그는 무 조건 세금을 줄이라면서 얼른 자리를 떴다. 이런, 뭘 어쩌라는 건지….

우리나라 종합소득세의 최고 세율이 40퍼센트에 가깝다는 것을 그 사장이 미처 몰랐을까? 아니다. 그에 대해서는 이미 여러 차례 설명을 했기에 당연히 알고 있었지만, 막상 3000만 원이라는 거금을 세금으로 내야 한다고 생각하니 너무 많다고 생각한 것이다.

사업자들은 모두 이런 억지스러운 마음을 가지고 있다. 자신의 소 득은 가능한 높게 신고하길 원하면서 이에 따라 부담해야 할 소득세는 좀처럼 내지 않으려고 한다. 그래서 매번 이런 실랑이를 하는 것이다.

우리 사무실과 거래하고 있는 사업자들 대부분은 정말 놀라울 정도 로 열심히 일한다. 새벽부터 밤늦게까지, 때로는 끼니도 거르고 잠도 못 자면서 최선을 다해 일한다. 어쩌면 그들이 그렇게 열심히 하기 때 문에 당연한 납세의 의무조차도 다소 부당하게 느끼는 것일지도 모른 다. 정말 어떻게 해서 번 돈인데…. 하지만 안타깝게도, 이 땅에 사는 한 그들은 부당하게 느껴지는 그 의무를 다해야 한다. 또 나는 그들의 넋두리에 맞장구도 쳐 주고 위로도 해 주며, 때로는 그렇게 하면 세무조사 받을지도 모른다고 협박(?)까지 해 가면서 그들이 오랫동안 안정되게 사업을 계속할 수 있도록 도와줘야 한다.

다 키운 자식을 잃은 듯한 아픔

　개인 세무회계사무실을 운영하면서 마음이 가장 힘들 때는 거래하던 회사가 사업을 접는 경우이다. 그나마 개인적인 사정이 있어서 자발적으로 문을 닫는 경우에는 그래도 낫다. 정말 잘해 보려고 애썼으나 할 수 없이 문을 닫는 회사를 보면 마음이 너무나 아프다. 특별히 많은 애정을 가지고 정성을 쏟았던 회사인 경우에는 더욱더 그렇다.

　내가 사무실을 개업하고 얼마 지나지 않아 처음 거래를 튼 회사가 있다. 이 회사 역시 그즈음에 사업을 시작했는데, 초기에는 여러 가지 문제가 정리되지 않아 회사 관리에 문제가 많았으나 이후 많은 변화의 과정을 거쳐 하나하나 정비하였다. 회사는 업계 내에서는 놀라울 정도로 빠르게 성장했고, 획기적으로 새로운 시스템을 적용하거나 조직 개편 등을 통해 리모델링을 하기도 했다. 그때마다 그 회사는 내게 의견을 묻거나 도움을 청하였고, 나는 흔쾌히 회사의 결정에 도움을 줄 수 있는 적절한 자문과 조언을 해 주었다. 그러는 사이 회사는 연간 매출액이 상당한 규모의 중견 회사로 성장하였고 나는 그 회사의 자문 역할도 맡아 했다. 가끔씩 상의할 것이 있거나 다른 일이 있어 그 회사에 방문할 때면 마치 내 회사인 것 같은 착각이 들면서 흐뭇하였다.

　그런데 얼마 전, 정말 예상치 못했던 거래처의 파산으로 그 회사도 함께 파산하게 되었다는 이야기를 들었다. 비록 세무대리인의 자격으로 함께하긴 했지만, 때로는 그 회사의 직원처럼 또는 파트너처럼 함께 회사를 이끌어 왔다고 생각했는데 하루아침에 사라진다니…. 그 사실을 받아들이기가 쉽지 않았다. 그동안 우리 사무실의 큰 고객으로서 재정적으로 도움이 된 회사이기도 했지만, 그보다는 애써 키운 자식을 잃는 것 같은 슬픔이었다.

물론 영원히 지속되는 회사란 없다는 것을 안다. 또 그동안 수많은 회사의 시작과 끝을 실무자로서 지켜보았다. 하지만 이렇게 특별히 애정을 갖고 함께했던 회사의 마지막을 준비해야 하는 경우에는 단순한 아쉬움과 안타까움을 넘어 가슴이 너무 아프다.

현재 내가 거래하고 있는 회사들에서도 이와 같은 일이 일어나고 또다시 마음이 힘들 수도 있겠지만, 그들에게 수수료를 받으며 세무회계사무소를 운영하고 먹고사는 사람으로서 할 수 있는 한 최선을 다해 도움을 주어야겠다는 생각뿐이다.

현재 나의 목표는, 스트레스 없는 세무회계사무소 만들기

우리 사무실 이야기를 잠깐 해야겠다. 난 우리 직원들에게 종종 이런 말을 한다.

"나는 우리 사무실이 여기에 있는 모든 분들에게 불편하지 않는 곳이었으면 좋겠습니다. 너무 스트레스 받으며 일하지 마세요."

비록 현실적이지 못한 말일지 몰라도, 난 우리 사무실이 정말 그런 사무실이었으면 좋겠다. 대부분의 직장인은 하루 중 가장 많은 시간을 회사에서 보낸다. 그런데 직장 생활이 너무 불편하고 스트레스의 연속이라면 그 삶이 얼마나 힘들겠는가. 봉급이 조금 적더라도 최대한 편하고 즐겁게 일할 수 있는 사무실을 만들어 주어야 한다고 생각했고, 이를 위하여 지금까지 많은 노력을 해 왔다.

사실 지금 우리 사무실 직원들은 모두 내가 개인적으로 스카우트해 온 사람들이다. 대부분 사무 업무가 처음이어서 세무, 회계 업무를 잘할지 의문이었지만 잘 가르쳐 주면 된다고 생각했고, 최소한 서로를 불편하게 하지 않을 만큼 훌륭한 인품을 가진 사람들이라고 확신했기에 함께하자고 자신 있게 권유했다.

우리 사무실은 따로 휴가 날짜가 정해져 있지 않다. 신고 기간 등의 특별한 경우가 아니면 자신들이 필요할 때 자유롭게 쉰다. 휴가계를 작성하여 제출하고는 있지만 형식에 불과할 뿐 승인되지 않는 경우는 거의 없다. 매주 토요일도 당연히 쉰다. 처음 사무실을 개업했을 때부터 그랬다. 이때는 토요일 휴무제가 시행되기 한참 전이었다. 징검다리 휴일 사이에 긴 샌드위치데이에도 거의 쉰다. 당연히 야근도 별로 없다. 나는 평소에 "야근하면 저녁도 사 줘야 하고 전기세도 많이 나온다."라며 조금은 억지스러운 소리로 정시 퇴근을 권유한다.

또 사람이라면 누구든지 개인 사정으로 조금 늦게 출근하거나 조금 일찍 퇴근하는 일이 있을 수 있다. 나는 혹시 우리 직원이 그런 일이 있을 때 내 눈치를 보지 않도록 가능하면 9시 30분 이전에 출근하지 않고, 5시 정도가 되면 조용히 사무실에서 사라져 준다.

업무적으로는 수수료를 준다는 이유로 우리 사무실 사람들을 종 부리 듯 대하거나 부당한 요구를 하는 거래처를 대부분 내 선에서 조용히 정리해 준다. 그런 성향을 가진 거래처는 예의도 없을뿐더러 실무를 하

:: "스트레스 받으며 일하지 마세요." 하루 삼분의 일을 회사에서 보내는 직원들이 편하고 즐겁게 일할 수 있었으면 좋겠다.

는 직원들이 스트레스를 많이 받는다. 또 대개는 끝이 좋지 않다.

사실 우리 같은 소규모 회사에서 직원들이 스트레스를 많이 받는다면 그 원인은 대부분 대표자에게 있다. 그래서 나는 늘 '나만 잘하면 우리 사무실에서 스트레스를 어느 정도 해소할 수 있다.'라는 생각으로 직원들의 스트레스 요소에 귀 기울인다. 몇 해 전 지금의 사무실로 이전을 할 때도 직원들의 출퇴근 편의를 최우선으로 고려하였다.

어쩌면 그런저런 이유들로 나는 다른 세무회계사무소 대표들보다 덜 풍요로운 생활을 하고 있는지도 모른다. 하지만 이러한 나의 선택에는 후회가 없다.

돌아보면 우리 직원들과 함께 생활한 지 상당히 오랜 시간이 지났다. 처음에는 많이 어색하고 불편했지만 지금은 모두가 가족 같고 형제 같다. 물론 이런 생각이 나 혼자만의 착각일지도 모르겠지만, 어쨌든 지금까지는 너무 잘해 왔고 앞으로도 별문제 없이 잘할 수 있으리라 생각한다.

만약 내가 의사나 변호사였다면?

나는 가끔 이런 생각을 한다. '내가 회계사가 아닌 의사나 변호사가 되었다면 어땠을까?'

물론 그게 내 맘대로 되는 것은 아니지만, 그래도 결론은 항상 '의사나 변호사보다는 회계사 되기를 잘했다.'이다. 의사는 매일 어디가 아파서 얼굴 찡그린 사람을 상대해야 하고 변호사는 뭔가 좋지 않은 일을 해결하기 위해 찾아오는 사람을 상대해야 한다. 거기에 비하면 회계사는 비교적 잘되어서 뭔가를 좀 가지고 있거나 잘되어 가는 사람을 상대하는 직업이 아닌가!

앞으로 나의 인생이 어떻게 변할지는 모르겠지만, 지금 내게 주어진 모든 일은 하나님께서 주신 일이라는 마음으로 최대한 열심히 하고자 한다. 오늘 하루도 뭔가 할 수 있음에 감사하다.

아, 참. 갑자기 회계사라서 좋은 점이 또 한 가지 생각났다. 회계사와 거래 회사의 관계에 있어 회계사는 수수료를 받는 입장이므로 주로 '갑'이 아닌 '을'이다. 그런데도 회계사들은 거래 회사의 사람들과 밥을 먹으러 가면 대부분 남의 돈으로 밥을 먹는다. ^-^a

날라리 비보이, 회사의 백 년을 좌우할 비즈니스 플랜을 짜다

| 서준혁 |

2005년 공인회계사 시험에 최연소로 합격하고 숭실대를 수석 졸업했다. 언스트앤영한영회계법인과 KPMG 삼정회계법인을 거쳐 현재는 금융기관에서 근무하고 있다. 프로댄스팀 '피플 크루(People Crew)'의 비보이로도 활동했으며 『날라리 비보이, 회계사 되다』의 저자이기도 하다.

2005년 9월, 아침부터 도서관 컴퓨터 앞을 떠나지 못했다. 회계사 최종 합격자 발표가 있는 날이다. 점심조차 잘 먹지 못했다. 최연소 합격자나 수석 합격자는 일반 합격보다 발표가 더 빨리 난다고 들었다. 그런데 오후 4시까지도 아무런 소식이 없다. 나는 이미 1차 시험에서 최연소로 합격하였다. 2차 합격만 한다면 2005년 공인회계사 시험에서 최연소로 합격하는 것이었다. 초조한 마음에 전규안 교수님(숭실대 회계학과)의 사무실 문을 두드렸다. 그리고 교수님과 함께 이야기를 나누며 회계사 합격자를 발표하는 금융감독원의 연락을 기다렸다.

"따르릉…"

전화벨 소리가 요란하게 울렸다. 교수님이 전화를 받았다. 나는 바짝 굳은 얼굴로 교수님을 바라봤다. 이런저런 긴 얘기를 나누는 걸로

봐서 금융감독원에서 온 전화가 아닌 모양이다. 실망하는 기색으로 앉아 있는데 교수님이 내게로 다가와 악수를 청하는 게 아닌가.

"축하하네, 서준혁 군. 최연소 합격이네."

새로운 인생이 시작되는 순간

고등학교 2학년 겨울 방학. 대학을 가기 위해 마음먹고 공부란 것을 시작할 이때만 해도 나는 수학의 인수분해도 할 줄 모르는 수준이었다. 고등학교 2학년 때까지 세계 최고의 비보이를 꿈꾸며 프로 댄스팀에서 살다시피 하였다. 그랬던 내가 공부를 시작한 지 2년이 조금 넘어서 최연소 공인회계사가 되었다. 스물한 살, 새로운 인생이 시작되는 순간이었다.

공인회계사 시험 합격 후 KPMG삼정회계법인에 정식 입사를 하여 10월부터 100명 남짓한 동기들과 합숙 교육을 받았다. 졸업자나 졸업 예정자가 아니면 거의 채용하지 않지만, 나의 경우 최연소 합격자란 타이틀이 있었기에 남보다 빨리 사회생활을 시작할 수 있었다.

교육을 마치고 학교에서 2학년 2학기를 마친 뒤, 바로 회계법인으로 돌아갔다. 처음으로 일을 나간 곳은 삼성동에 자리한 A호텔. 본격적인 회계감사 전 중간감사로, 연초 업무 시작 전 회사가 앞으로 1년 동안 어떻게 운영을 하고 어떤 항목들을 주의해야 할지 검토하는 일이었다. 시험을 위해 공부했던 이론 외에는 실무에 대해 아무것도 몰랐지만 열정만큼은 대단했던 것 같다. 나는 뭐든 할 수 있다고 생각하며 선배 회계사가 시키는 것을 충실히 따랐다. 호텔 관계자들과 인터뷰를 할 때도 선배의 지침을 하나하나 그대로 이행했다. 감사를 준비하는 수준이기에 본격적인 감사 업무는 배울 수 없었지만, 처음으로 나가는 업무여서 모든 것이 너무나도 신기하였다.

대학교 2학년 겨울방학. 3개월 남짓한 시간이었지만 주중에는 야근을 하고 주말에도 업무를 할 정도로 정말 열심히 일했다. 이때 나는 회사원임과 동시에 아직 군대를 다녀오지 않은 대학생이기도 했는데, 내가 곧 군대를 간다고 하자 선배 회계사들이 하나같이 부러운 눈초리로 말했다.

"아, 나도 너처럼 입대나 했으면 좋겠다."

감사 시즌이라 불리는 1~3월, 회계법인의 업무 강도는 어떠한 직장보다도 높다. 차라리 군대를 한 번 더 갔다 오겠다고 할 정도니 연초 회계사들이 얼마나 바쁜지 짐작할 수 있을 것이다.

나는 성장한다, 고로 존재한다

군 제대 후 3학년에 복학했다. 그리고 그해 여름방학 때 회계법인에서 주식시장에 상장된 회사의 반년 실적을 검토하는 일을 하였다.

여름방학이 끝난 뒤에는 미국 네브라스카주립대에서 교환학생으로 공부하였다. 미국에 갈 때 나의 각오는 대단하였다. 회계법인에서 근무하던 당시 한 임원이 "성공하려면 영어를 잘해야 한다."고 조언해 주어서 영어 공부에 의욕을 불태웠다. 교환학생 기간도 연장했다. 돈이 두 배로 들었지만 대출을 받아 1년간 공부했다.

사실 교환학생도 우여곡절 끝에 결정이 된 것이다. 토플은 군대에 있으면서 전역 전에 준비했는데, 첫 시험을 보기로 한 날에 혹한기 훈련이 잡혀서 연기를 했다. 그 김에 조금 더 영어 공부를 하여 제대 한 달을 남겨 두고 토플에 응시했다. 복학 시점이 얼마 남지 않은지라 금번에 아니면 제대 후에 바로 시험을 봐서 80점 이상을 받아야만 교환학생 선발에 지원할 수 있었다. 하늘이 도와주었는지 나는 단번에 81점을 받았다. 그러나 학교의 교환학생 선발 과정에서 고배를 마셨다. 크게 상심해 있었는데, 운이 따라 줬다. 경영학부와 새롭게 교환 수업을 체결하는 학교가 생긴 것이다. 그 덕분에 네브라스카대학 링컨캠퍼스를 누릴 수 있었다.

미국에서의 수업은 각 학기 동안 4과목 12학점을 들었다. 공인회계사 시험에 이미 합격했기에 회계 과목보다는 미국이 아니면 들을 수 없는 과목들을 집중적으로 들어 보려고 하였다. MBA 과목인 '비즈니스 정책', '기업가 정신과 벤처 기업' 등을 수강했다. 회계 외 다른 분야의 지식을 더 쌓을 수 있는 기회로 삼으려고 한 것이다. 물론 교환학생 기간 동안 회계사 시험 준비를 하며 공부했던 것들이 많은 도움을 주었다. 세무나 재무, 경제학 모두 이미 세세한 부분들까지 공부했기 때문에 큰 어려움 없이 좋은 학점을 받을 수 있었다. 더욱이 한국 공인회계사로서의 자존심이 있었다. 한국에서 온 회계사가 미국 친구들보다 못하면 안 된다고 생각하여 수업 때마다 질문도 하고 누구보다 적극적인 모습을 보였다.

가장 기억에 남는 수업은 '기업가 정신과 벤처 기업'이었다. 내가 직접 사업을 한다는 가정 아래 사업전략을 짜서 발표하는 수업이다. 특히 이때 수행한 조별 과제는 두고두고 기억에 남을 만큼 색다른 경험이었다.

"이것으로 가치를 창출하는 프로젝트를 해 보세요."

교수가 나누어 준 이것은 포스트잇.

:: 미국 네브라스카대학 교환학생 당시 친구들과 함께한 필자.

'포스트잇으로 어떻게 가치를 창출하지?'

가치란 것에 대해 금전적으로만 접근했던 나는 막막했다. 그런데 친구들은 영리 추구가 아닌 다른 부문으로 빠르게 사고를 넓혀 갔다. 우리는 포스트잇을 이용하여 사회적 가치를 창출해 보기로 하였다. 학생회관 앞을 지나가는 학생들에게 '올해 자신의 목표'를 두 개의 포스트잇에 적어 하나는 하드보드에, 다른 하나는 하루 동안 자신의 가방이나 옷에 붙이고 다니도록 제안했다. 단순하지만 새로운 발상이었고 다른 학생들에게도 의미 있는 이벤트가 되었다.

교환학생의 1차 목표는 물론 영어이지만 그 외에도 많은 중요한 것들이 있다. 여행이라든지, 완전히 다른 환경에서 자란 친구들과 어울리는 가운데 나만의 생각을 넓히는 것, 그리고 언제 어디서 무엇이든 할 수 있다는 자신감을 키우는 것 등이 그것이다. 링컨캠퍼스에서의 1년은 내게 그 모든 경험과 배움의 기회를 주었고 나는 또 한 단계 성장하였다.

교환학생 기간 중 기억에 남는 일은, 언스트앤영(Ernst & Young) 뉴욕 타임스퀘어 본사에서 근무하는 학교 선배와의 만남이었다. 이 선배는 영어에 관한 것은 물론 이런저런 조언도 많이 해 주었는데, 졸업 후 회계법인 감사팀에서 일하며 이직을 고민할 때 큰 힘이 됐다.

"언스트앤영한영회계법인으로 옮길까 고민 중인데 어떻게 생각하세요?"

선배의 대답은 간결하고도 명확했다.

"어느 회계법인, 어느 회사에 있느냐가 중요한 것이 아니라 그 안에서 무엇을 하느냐가 중요하지."

망치로 세게 한 대 맞은 듯 잠시 멍했다. 나는 더 이상 고민하지 않고 과감하게 결단을 내렸다.

'가치평가란 것을 제대로 한번 해 보자!'

가치평가전문가로의 돛을 펴다

KPMG삼정에서 일하며 회계사의 본업인 회계감사를 배웠다. 그리고 2010년 나는 한영회계법인의 TAS(Transaction Advisory Service) 본부 밸류에이션(Valuation)팀에서 업무를 시작했다. 모든 것이 새로움의 연속이었다. 그러나 내 각오는 한결같았다.

"할 수 있다!"

처음으로 나간 용역은 아직도 생생하다. 대기업 M&A, 즉 인수·합병에 대한 자문 업무를 수행하는 것. '내가 꿈꿔 온 M&A와 관련된 일을 드디어 해 보는구나.' 신이 났다. 보고서를 작성하는 법조차 미숙했지만, 주말도 반납한 채 일하며 선배로부터 하나씩 배워 나갔다. 선배와 함께 수행하는 일도 있었지만 처음부터 끝까지 혼자 하는 일도 많았다. 관련 기관의 담당자에게 전화를 해서 실무적으로 어떻게 처리해야 하는지 등을 물어 가며 우리 팀에서 누구도 해 보지 않은 일을 혼자 수행하기도 하였다.

그러던 중 한 가지 일이 터졌다. 엑셀로 계산하여 산출한 비율과 소수점 넷째 자리까지 나타낸 수로 계산한 비율이 서로 다른 것이었다. 작업을 하면서 엑셀 파일에 입력된 수식에 의해 비율을 산출하다 보니 실제 보고서에 적힌 숫자를 가지고 계산할 때와 다르게 나올 수 있다는 점을 간과했던 것이다. 이미 2주 동안 진행되어서 거의 마무리 단계에 있는 데다 우리가 제출해야 할 최종 보고서까지도 전달한 이후에 문제를 알게 된 사건이었다. 고객 회사의 최고경영진이 보고를 받을 때 이를 발견해 지적했고, 당황한 실무진이 우리에게 어떻게 된 일이냐고 따지고 들었다. 우리는 침착하게 큰 문제는 아니니 그대로 진행하고 혹시나 문제가 된다면 보충 설명으로 충분히 해결할 수 있다며 안심시켰다. 중요한 오류는 아니어서 이미 금융감독원에 보고가 된 숫자를 수정하지 않고 그대로 나갔고, 혹시나 하며 우려했던 일도 일어나지 않았다.

일을 하다 보면 실수는 하기 마련이다. 중요한 것은 실수를 안 하는 것이 아니라 그것에 어떻게 대처하느냐이다. 주위 사람들에게 조언을 구하여 잘 대처한다면 큰일도 잘 수습할 수 있지만, 문제를 감추거나 혼자 해결하려 하면 작은 일도 걷잡을 수 없이 커져 버려 손쓸 수 없는 지경이 될 수도 있다. 이제 막 일을 시작한 새내기 후배들에게 조언을 하나 하자면, 일을 시작하려 할 때는 부정적인 결과를 걱정하지도 말고

실수를 두려워하지도 말라는 것이다. 잘못되는 것이 두려워서 시도도 하지 못하면 어떠한 일도 능숙하게 할 수 없게 된다. 일단 일을 시작한 후에 뭔가 찝찝하고 그대로 일을 진행하면 안 될 것 같은 느낌이 들 땐 같이 일하는 팀장이나 동료에게 신속히 알려서 조언을 구하면 된다. 빨리 발견하고 함께 대책을 궁리하면 해결되지 않는 일은 없다.

미국 클리블랜드에 있는 회사를 실사하기 위해 미국 언스트앤영과 공동으로 일하기도 하고 국내 유수한 기업들의 M&A 관련 업무를 하면서 다양한 업무를 경험하였다. 가치평가전문가에게 중요한 것은 엑셀로 모델링을 하는 것이 아니었다. 정말 중요한 것은, 가치평가를 위해 각 거래 당사자들이 어떠한 생각을 갖고 목표 회사에 접근하는지를 파악하는 것이다. 한 회사의 가치를 평가하기 위해 중요한 요소들이 무엇인지 파악하고, 이를 토대로 회사의 가치를 잘 측정해 고객사들이 납득할 수 있도록 제시해야 한다. 이러한 과정을 거듭하며 가치 측정과 거래 구조에 대해 고민을 하다 보면, 각 거래들의 성격과 기본적인 논리는 비슷하다는 것을 어느 순간 깨닫게 된다.

가치평가 업무는 감사 업무와 마찬가지로 재미가 있었지만, 일을 하면 할수록 가치평가 전후에 벌어지는 일들에 대해 욕심이 생겼다. 가치 측정과 평가를 많이 해 보는 것도 중요하지만 모든 회사들을 다 인터뷰하고 계량화하여 평가할 수는 없지 않는가. 회계법인과 같은 어드바이저리(advisory) 입장에서는 실제로 기업이 어떠한 경로를 거쳐 의사 결정을 하고 투자를 하는지에 대해 총체적으로 파악하기가 쉽지 않았다. 어떤 회사를 '왜', '얼마'에 사야 하는지, 그리고 그 과정에서 '어떻게' 의사 결정을 내리는지 등은 회사 내부 관계자로서 업무를 기획하고 추진하지 않으면 도저히 알 수 없는 것이었다. 이러한 것들은 회사

내부적으로 중요한 정보이기 때문에 회계 및 재무자문을 하는 회계법인에는 상세히 알려 주지 않기 때문이다.

'가치평가에 대해서는 감을 좀 잡았으니 조금이라도 더 빨리 일반 회사를 경험해 봐야 할까? 아니면 가치평가 업무를 계속하면서 깊이를 더해야 할까?'

회계법인을 떠나 일반 회사로~

회계법인에 근무하다가 일반 기업체나 투자회사로 이직하는 선배들을 많이 봐 왔다. 빠르게는 몇 개월, 늦게는 5~6년이 지나 회계법인을 떠나는 선배들도 있었다.

"형, 언제쯤 회계법인에서 나와서 일을 해 보는 것이 좋을까요?"

나의 물음에 선배들의 대답은 비슷했다.

"회계법인 있을 때가 제일 좋고 배울 것들도 많은데 왜 자꾸 딴생각을 하니. 기다리면 더 좋은 기회가 있을 거야."

옳은 말이었다. 하지만 나는 내가 가고 싶은 길에 대해 한 번 더 생각을 정리했다. '부딪혀 보자. 고객으로 상대해 오던 사람들의 입장이 되어 보자.'

처음으로 인터뷰를 본 곳은 금융회사 전략기획실 사업개발팀이었다. 사실 헤드헌터가 낸 공고를 보고 지원을 결심한 곳은 외국계 보험회사 애널리스트직이었지만, 이 자리는 영어가 아주 유창해야만 했다. 헤드헌터는 나에게 더 적합한 자리를 제안해 주었고, 입사를 위한 프로세스를 제대로 시작할 수 있었다.

:: 회계사가 된 이래 모든 업무가 새로움의 연속이고 난관도 많지만 나의 각오는 변함없다. "할 수 있다!"

　이직이 두 번째이긴 했지만 이직 준비는 처음이나 마찬가지였다. 이전에는 KPMG삼정에서 언스트앤영한영으로 동종 업계 이직이었는데다 지인의 추천을 받아 간단한 인터뷰만으로 곧바로 입사가 이루어졌다.

　하지만 금융회사 인터뷰는 완전히 달랐다. 주위에서 일반 회사로 이직할 때 임원 인터뷰를 한다는 말은 들었지만, 서너 차례의 면접과 사례 분석 인터뷰를 거치며 '일반 회사 입사는 정말 힘들구나.' 하는 생각이 절로 들었다. 2011년 12월 초에 시작된 인터뷰와 심사는 이듬해 2월이 돼서야 결과가 나왔다. 긴 여정을 거쳐 합격 통지를 받으니 일에 대한 열정도 더욱 커지는 듯했다.

　2012년 3월, 회계법인이 아닌 일반 회사에서 업무를 시작하게 됐다. 회계법인에서 근무할 때는 다른 회사들을 돌아다니며 외근을 하는 경우가 많았지만 이제는 완전히 달랐다. 내가 앉아 있는 곳에서 실력을 발휘하여 회사의 상사들을 설득해야 했다. 다른 부서들과 협업이 필요할 때에는 회계법인 근무 당시 다양한 사람들을 만나며 익힌 사교성을 발휘해 하나하나 잘 풀어 나가려고 노력하였다. 협업 부서 관계자들은 저마다 고유의 업무가 있고, 시간을 쪼개서 전략기획실에서 요청하는 일들을 해결하거나 답변을 줘야 하는 상황인지라 여간 어려운 것이 아니다. 어쩔 땐 서로의 이해가 부딪치면서 실랑이가 벌어지기도 하였다. 여러 부서들을 한데 묶을 수 있어야 하니 리더십이 여간 필요한 것이 아니다. 게다가 전문적인 회계 용어를 사용할 때는 의미를 별도로 설명해 줘야 했다. 회계법인에서 근무하던 때와는 너무나 달라 어색했지만, 반년 정도 지나니 이제는 정확하면서도 쉬운 용어들을 콕콕 집어 사용할 수 있게 됐다.

2012년 현재 나는 전략기획실 사업개발팀, 즉 M&A 업무를 하는 팀에서 근무한다. 우리 팀은 다른 팀들에게 협조를 구해야 하는 일이 비일비재하다. 국제금융팀, 재무팀 등 다른 부서의 회계사들을 만날 때는 늘 반갑다. 회계사 출신 선배들을 볼 때마다 먼저 다가가서 말을 건네곤 한다.

"언제 ○○팀의 회계사님하고 같이 식사 한번 하시죠!"

회계법인 근무의 장점은 이곳저곳 다양한 업체를 경험할 수 있다는 것이다. 회사에서 노트북을 괜히 주는 것이 아니다. 어떠한 곳에 있든지 간에 업무를 할 수 있도록 한 것이다. 매일 혹은 주 단위로 다른 회사에 가서 근무하는 것이 어떻게 보면 떠돌이 같기도 하지만, 한곳에서 매번 같은 사람들을 볼 때 문득 느끼는 단조로움에서는 벗어날 수 있게 해 준다. 같은 사무실, 같은 자리에서 데스크톱 컴퓨터로 일하는 일반 회사 생활은 갑갑한 면이 없지 않다.

그러나 장점은 단점이, 단점은 곧 장점이 되기도 한다. 매번 낯선 사람들과 어울려야 하고 심지어 회계법인 안에서도 이 자리 저 자리 떠돌아야 할 때면 슬리퍼 하나도 한군데에 둘 수가 없다. 현재의 회사에서는 나만의 자리가 있어서 참 좋다.

기업 회계사는 어드바이저가 아닌 매니지먼트다

금융회사로 이직한 후 처음 맡아서 진행한 큰 프로젝트는 사업계획 수립이었다. 말로만 들어 왔던 비즈니스 플랜을 짜는 것이다. A부터 Z까지 모든 것을 수립했던 것은 아니고, 인수 대상 회사에 대한 중장기 사업전략을 구상하는 데 있어 인수자 입장에서 어떻게 시장을 바라보고 계획을 수립해야 하는지에 대해 고민해야 하는 일이었다.

"인수 대상 회사에 대해 인수자로서 독립적으로 새로운 시장을 분석하고 기회를 찾아보자."라는 취지에서 먼저 우리나라 금융시장에 대한 분석을 시작하였다. 일찍이 다른 사업부에서 수행한 기업금융시장에 대한 큰 그림을 참고하여 우리나라 기업들이 어떤 방법으로 자본을 조달하는지 알아보았다. 어떠한 시장 전체에 대한 큰 그림을 숫자로 분석해 본 경험이 그리 많지 않아, 어떻게 접근해야 할지 등 방법론에 대해 많은 연구를 했고 수행하는 과정에서 시행착오도 많이 겪었다. 또 회계법인에 있을 때에는 어드바이저 입장에서 "우리의 관점은 이러합니다."라고 고객 회사에 제시만 하면 되었지만, 이제는 거기서 한발 더 나아가 "그러하니 앞으로 이렇게 해야 합니다."라고 매니지먼트 입장에서 의사 결정을 할 수 있도록 해야 했다.

전체 시장에 대해 분석하면서 지속적인 피드백을 받아 큰 그림을 맞춰 나갔지만 딱 떨어지는 하나의 정답은 없었다. 같은 자료라도 해석하기에 따라 다른 그림이 그려지는 것이었다. 한 가지 분명한 것은 자료를 분석하여 하나의 논리를 만들었다면, 그 논리에 대해서만큼은 내가 백 퍼센트 설명할 수 있어야 한다는 것이었다.

시장을 이렇게도 쪼개고 저렇게도 쪼개 보면서 이제는 큰 그림을 어떻게 그려 나가야 할지 감을 조금 잡았다. 물론 또 다른 새로운 일을 시작하면 다른 방식의 접근이 필요할지 모른다. 하지만 큰 그림을 그리는 방법은 다르지 않을 것이다. 자료를 모아 그것을 근거로 내 의견을 만들고 그에 대해 설명할 수 있으면 그것이 다른 이의 의사 결정에 도움을 주게 된다.

첫 프로젝트는 팀장과 정말 많은 시간과 노력을 쏟아부어 인수자 입장에서의 견해를 성공적으로 전달할 수 있었다. 일을 할 때 얼마나 많은 자료와 정보를 모아 얼마나 깊이 분석해야 하는지에 대한 절대적인 기준은 있을 수 없다. 다만, 다시 한 번 강조하지만, 그 일에서 나의 논리를 세웠다면 어떠한 경우에도 자신 있고 당당하게 나의 결과물에 대해 이야기할 수 있어야 한다.

세상은 넓고 회계사가 할 일은 많다

나 역시도 회계사가 되기 전에는 공인회계사가 구체적으로 어떤 일을 하는지 전혀 몰랐다. 경영 관련 분야라고 생각했고 남들보다 빨리 무엇인가 이루고자 하는 마음에 그저 열심히 회계사 시험공부를 했을 뿐이다. 하지만 지금, 결과적으로는 회계사 공부가 내 지식의 절반 이

:: 학부모 초청 강연회에서의 필자. 더 큰 성장을 위해 끊임없이 도전했던 지난날이 있었기에 이제는 나의 희망을 다른 사람에게도 전할 수 있다.

상을 형성해 주었다. 공인회계사 시험을 보기 위해 시험 과목들을 깊이 공부하지 않았다면 지금 나는 어정쩡한 수준의 경영학 지식만을 갖고 있었을 것이다. 단기간에 뭐든 하나는 제대로 이뤄 보자고 했던 결정이 현재의 나를 있게 한 것이다.

회계는 기업에서 가장 기초가 되는 업무다. 마케팅에서부터 재무, 전략까지…. 회계적인 숫자 개념 없이는 의사 결정을 내리는 데 무엇인가 부족한 부분이 생길 수밖에 없다. 그리고 회계사란 전문적인 회계 업무를 하는 사람이다. 회계법인에 있을 때 나는 감사, 가치평가 등의 업무를 하며 다양한 회사에 대한 지식과 정보를 얻었다. 재무제표를 어떻게 작성하는지부터 시작하여 업무는 어떻게 수행하고 그 과정에서 사람들과의 관계는 어떻게 쌓아 가는지, 또 어떠한 방식으로 회사가 돌아가는지 등등. 더욱이 이러한 업무 경험과 지식은 단순히 회계법인에 있을 때만 유용한 것이 아니다. 일반 기업체는 물론이고 국세청, 금융감독원, 증권회사나 보험회사 등에서 중추적인 역할을 할 수 있게 한다.

지난 몇 년간 내가 걸어온 길을 되돌아보면, 한마디로 세상에서 더 많은 기회를 찾기 위해 부단히 노력해 온 과정이었다.

이제 회계사를 꿈꾸는 사람들에게 이야기하고 싶다. 회계 공부를 할 때는 오로지 공인회계사 시험 합격을 위해 고통을 참고 달리면 되지만, 일단 회계사가 되고 나면 너무나도 많은 선택의 기로에서 행복한 고민을 하게 될 것이라고…. 물론 언제든 최선의 선택을 위해서는 노력과 희생이 필요하겠지만, 회계사가 되기로 한 결정은 틀림없이 인생에서 '최고의 선택 가운데 하나(One of the Best)'가 될 것이다.

세계 자본시장에서
활약할 '나'를 꿈꾸며

| 양우정 |

2005년 제40회 공인회계사 시험에 합격하고 2006년 서울대 통계학과를 졸업했다. 삼일회계법인 금융택스
본부에서 2년간 근무 후 2007년 한국예탁결제원으로 이직했다. 한국예탁결제원에서는 5년간 경영전략부에
서 예산 업무를 담당하였고 현재는 권리관리부 채권권리팀에서 일하고 있다.

2005년 여름, 나와 같은 처지의 수험생들의 얼굴에는 긴장감을 넘어 비장함마저 감돌았다. 한양대 회계사 2차 시험장에서 나는 마지막 시험 과목이었던 재무관리의 답안지를 제출하며 그간의 고생스런 기억들을 떠올렸다. 지긋지긋한 고시 생활도 이제 정말 끝이구나 싶었지만 실감을 하기에는 아직 일렀다.

그 뒤 여름 계절학기 수업을 듣던 중 불현듯 배낭여행을 떠나야겠다는 생각이 들었다. 어쩌면 회계사 합격자 발표 전에 주어진 가장 자유로운 시간이 지금일 것이라는 생각에 미치자, 주저 없이 런던행 비행기에 몸을 실었다. 비록 한 달간이었지만 유럽 구석구석을 누비며 많은 사람들을 만났다. 벨기에 브뤼셀의 그랑플라스 광장에서 세계 각국의 젊은이들과 함께 레페브라운 맥주를 마시며 미래를 이야기했던 일은 지금까지도 문득문득 꺼내 보는 기억이다. 기회가 된다면 언젠가는 반드시 해외 관련 업무를 해 보겠다는 꿈을 갖게 된 것도 바로 이곳에서였다.

배낭여행에서 돌아온 후 나는 복학을 했고 동시에 공인회계사 시험 최종 합격 통보를 받았다.

'초과 근무'와 '전문가'의 상관관계

그해 10월 나는 삼일회계법인 금융택스팀에 입사했다. 사회 초년생으로서 패기도 있었고 전문가가 되고 싶은 나름의 꿈도 있었지만, 회계법인에서의 직장 생활은 녹록치 않았다. 특히 업무가 집중되는 연초(1~3월)에는 항상 심야 택시를 타고 귀가해야 했는데, 그때 택시 안에서 본 창문 밖 모습이 지금도 생생하다. 회계사 시험을 통과했다고 바로 전문가가 되는 것이 아니라는 것을 매일같이 실감했다.

모든 전문 직종에 해당하는 말이겠지만, 회계사 또한 실무와 경험을 오랜 시간에 걸쳐 쌓아야만 전문가에 근접할 수 있다. 따라서 초과 근무(야근)는 회계사로 성장하는 데 있어서 빼놓을 수 없는 과정이다.

내가 근무한 금융택스팀은 국내외 은행, 보험, 증권, 카드사 등을 주요 고객으로 하여 세무조정, 자문, 컨설팅 등을 수행하였다. 국내외 은행 및 카드사는 12월 말 법인으로 이듬해 3월 말까지 세무조정(기업 회계상 당기순이익을 세법에 따른 과세소득으로 조정하는 과정)을 통해 국세청에 법인세 신고를 완료해야 하고, 보험사 및 증권사는 3월 말 법인으로 6월 말까지 법인세 신고를 완료해야 한다. 즉 1월부터 6월 말까지 반년 동안 세무조정을 주 업무로 하고 나머지 기간에는 세무자문 (택스 관련 질의에 대한 의견서 작성 업무) 및 기타 컨설팅(세무조사 지원, 자산 및 부채 실사 등 택스 이슈 검토)을 수행해야 한다. 이러한 업무가 한꺼번에 몰리면 파트너가 약간의 업무 조정을 해 주기도 하지만, 대개는 어쩔 수 없이 야근을 해 가며 여러 가지 업무를 동시에 감당한다.

이때 나는 S카드의 L카드 인수가액 산정, 국내 W은행 택스컨설팅 (구분경리), 외국계 C은행 부가세 경정 청구, D광역시 도시철도 부가세 유권 해석, 은행·보험 파생상품 거래 관련 택스 이슈 검토 등을 경험했다. 이 중에서도 S카드가 L카드를 인수하면서 L카드 주식의 적정 가치를 산정하는 업무에 참여한 것이 특히 기억에 남는데, 그 업무를 통해 상속세 및 증여세법상의 주식가치를 산정하는 전반적인 프로세스를 배웠다. 그리고 이 모든 경험은 이후 내가 예탁결제원으로 이직하여 주식가치 산정을 위한 업무 등을 할 때 많은 도움이 되었다.

회계법인에 뼈를 묻을 것인가…

회계사는 용역(컨설팅)을 수행할 때 해당 회사에 상주하는 경우가 대부분이다. 나는 새로운 곳에 가는 것이 즐거웠고 한곳에 얽매여 있지 않은 점이 지루하지 않아 좋았다. 한번은 업무상 영화제작사에 갔는데, 담당 팀장의 호의로 영화 촬영 현장을 방문하여 카메라 바로 뒤에 앉아서 배우들의 연기를 지켜보기도 했다. 그뿐 아니다. 회계사들이 용역을 수행하기 위해 해당 회사를 방문하면 회사 담당자들은 그 주변의 유명한 맛집에 회계사들을 데려가는 것이 일반적이다. 출장 지역이 다양해질수록, 담당하고 있는 고객이 많을수록 자연스럽게 맛집을 많이 알게 되는 것이다. 하지만 시간이 흐를수록 내 자리가 아닌 곳에서 장기간 일을 해야 하는 것에 불편함을 느꼈다. 지정된 곳에서 안정적으로 일하고 싶다는 생각도 들었다.

회계법인 근무는 다양한 고객과 함께 일하면서 각 분야의 업무 특성과 인력 및 재무구조, 시기별 이슈 사항을 파악할 수 있다는 장점이 있다. 또 고객과의 좋은 관계가 이직으로 이어지는 사례도 빈번히 일어난다. 실제로 내가 평소 친하게 지냈던 동료 회계사나 선후배 회계사들이 종종 이직을 고민했고 그중 몇몇은 연봉, 직책 등 조건을 따져 이직을 하였다. 회계법인에 근무한 지 만 2년이 지난 뒤 나도 이직을 심사숙고했으며 우연한 기회로 금융공기업에 원서를 쓰게 되었다.

돌이켜 보면, 회계법인을 떠나고 싶은 마음보다는 이직에 대한 마음의 정리가 필요했던 시기였다. 동료 회계사의 이직에 동요하지 않기 위해서는 나만의 목표 설정이 필요했고 인생의 목표를 세우기 전에 나의 가치관이 무엇인지를 확인할 필요가 있었다. 당시 회계법인에 있으면서 항상 시간에 쫓기는 빠듯한 생활을 하다 보니, 열심히 일한 만큼 대우받고 특정 분야에서 빨리 전문가가 되고 싶은 생각보다는 다른 여러 업무를 경험하고 싶다는 생각을 지속적으로 하게 되었다. 또 가족과 함께할 수 있는 시간을 어느 정도 확보할 수 있기를 바랐다. 그러던 중에 예전부터 관심이 있었던 금융공기업, 그중에서도 증권 업무와 관련이 있고 해외 관련 업무도 하는 예탁결제원으로의 이직을 생각하게 되었다.

그러나 나와는 달리 금융공기업 등에서 회계법인으로 이직하는 사례도 빈번한 것이 현실이므로 자신의 가치관, 성격, 재능 등을 잘 파악하여 직업을 선택하는 것이 가장 중요하다.

한국예탁결제원으로 이직을 하다

회계법인을 다니는 중에 다른 회사에 입사 지원을 하기란 쉽지 않다. 무엇보다도 내가 맡고 있는 업무에 지장이 없어야 했기에 주로 주말을 이용해 원서를 쓰고 필기시험과 면접을 치렀다. 필기시험은 회계사 1차 시험 과목인 『경영학원론』을 읽는 것으로, 면접은 회계법인에서의 실무 경험을 바탕으로 시험 준비를 하였다. 다양한 업계의 책임자들과 필드(업무 현장)에서 교류하며 그들 각각의 관점을 파악하고 습득했던 실무 경험은 면접 준비에 큰 도움이 되었다.

사실 나는 그때까지 예탁결제원에 대해 증권을 보관하고 증권거래 시 수반되는 자금 결제를 중개해 주는 곳 정도로만 알고 있었다. 필기시험과 면접을 준비하면서 회사에 대해 공부했고, 합격자 발표 후에는 지인을 통해 예탁결제원이 글로벌 증권거래 업무에서도 중요한 인프라 역할을 수행하고 있다는 사실을 새로이 알게 되었다.

그리고 2007년 12월 드디어 한국예탁결제원에 입사하였다. 나의 소속은 경영전략부, 내가 맡은 일은 예산 관련 업무였다. 아무리 회계법인에서 근무한 경험이 있다 해도 신입 직원인 내가 회사의 주요 예산 업무를 맡게 되다니 심적 부담이 컸다. 공교롭게도 예탁결제원은 2008년부터 준정부기관에 소속되었고, 이에 따라 정부 규제가 많아지면서 관련 법령 등 고려해야 할 제반 사항이 늘어났다. 일하면서 항상 느끼는 것이지만, 야근한 만큼 또 내가 열심히 일한 만큼 회사에 대한 이해

:: 한국예탁결제원에서 국제 업무에 대한 꿈을 일부 이루었다. 도쿄 증권거래소에서 동료들과 함께.

도와 업무 능력이 향상되고 그만큼 심적 부담이 조금씩 줄어든다. 5년 정도 지나자 나는 예산(수수료 수익, 비용, 설비 투자)의 전반적인 흐름 정도는 한눈에 파악할 수 있는 수준이 되었다.

내가 맡고 있는 예산 업무는 전문적인 회계 업무가 아니라 여러 부서를 조율하여 예산 배분과 관리를 합리적으로 하는 일이다. 즉 금융시장의 흐름에 따른 정책 변화(수수료 개편, 예산 절감 등)를 감안하여 연간 목표한 당기순이익을 달성하되, 각 부서가 사업계획을 원활하게 추진할 수 있도록 효과적으로 자금을 배분하는 것이 주된 업무이다. 그 외에도 한국채택국제회계기준(K-IFRS) 도입에 따른 재무적 영향 분석, 연간 손익 추정, 정부의 기관 평가에 따른 계량지표관리 등 숫자와 관련된 다양한 업무를 상시적으로 처리한다.

회계사가 일반 회사로 이직을 하는 경우 대부분은 회계부서에서 근무하지만 예탁결제원에서는 좀 더 다양한 부서에서 일할 수 있다. 회계 업무와 직접적으로 관련이 있거나(재무회계부, 경영전략부, 감사, 펀드서비스부 등) 관련이 없는 부서 모두에서 근무할 수 있다. 근래에는 신입 직원을 후선 부서가 아닌 현업 부서에 발령을 내서 증권시장의 고객(증권사, 증권발행사, 자금 수요·공급자 등)을 상대로 다양한 실무 경험을 축적할 수 있도록 하고 있다. 현업 부서에서의 업무 경험은 증권 발행에서부터 증권거래, 예탁에 이르기까지 자본시장의 전반적인 자금 흐름을 이해할 수 있는 기회를 제공한다. 또 펀드서비스부는 펀드사무 관리를 담당하는 부서로서 신규 계약 달성을 위해 타 기업과 경쟁하며, ETF 펀드사무관리 업무를 특화하여 서비스를 제공하는 등 회계사가 자신의 전문성을 살리면서도 새로운 경험을 할 수 있는 부서이다.

금융공기업은 무풍지대?

"계약대로… 해야 하는 것 아닙니까?"

예탁결제원에서 예산 업무를 하면서 특히 기억에 남는 일은 회사가 보유한 주식을 매도할 때 수행한 컨설팅 업무이다. 주식을 매도하고 매수하는 계약은 제삼자에게 용역을 의뢰하여 적정 주식가치를 산정하게 한 다음 그 가격으로 양자가 거래를 이행하면 완료가 되는데, 결과물로 나온 적정 주식가치를 매수자가 받아들이지 않아 문제가 되었다. 최악의 경우 소송으로 갈 수도 있는 상황이었다. 그 당시 나는 실무 담당자로서 매수자 측과의 이견을 좁히기 위해 회의도 수차례 하였다.

"계약대로 제삼자를 통한 주식 매매를 결정했으면 따라 주셔야 합니다."

"이런 터무니없는 주식가격이 말이 된다고 생각하십니까?"

"그럼 용역을 수행한 회계법인의 전문가를 믿지 못한다는 겁니까?"

"저희는 수용할 수 없습니다. 이 시간 이후로 어떠한 회의도 참석하지 않을 것입니다. 제가 해도 이렇게는 안 나오겠습니다. 이걸 어떻게 용역 결과물이라고…. 나 참…."

설명과 설득과 옥신각신을 넘어 고성이 오가는 회의와 전화 통화가 이어졌고, 원만한 문제 해결을 위한 나의 노력에도 서로 간에 이견은 좁혀지지 않았다. 처음 용역을 진행할 때만 하더라도 화기애애한 분위기에서 제삼자가 제시한 거래 금액을 주고받는 것으로 생각하였는데, 일이 틀어져 금전적인 손실(이자) 및 경영진 배임 등의 이슈가 불거지면서 나는 업무 리스크에 대한 걱정으로 밤잠을 설쳤다.

결국 소송까지 갈 가능성을 염두에 두고 법무법인에 자문을 구했다. 회계법인에서 습득한 주식가치 산정 노하우를 바탕으로 최초 작성된 계약서 검토부터 해결 및 대응 방안, 최종 의견서 수령에 이르기까지 다양한 변수를 고려해 예탁결제원에 미칠 수 있는 영향을 꼼꼼하게 확인하고 시뮬레이션을 하였다. 그런 다음 법무법인 담당 파트너, 택스 담당 파트너, 실무 변호사 등과 컨퍼런스콜을 하면서 의견서 논조에 대해 사전 조율을 하여 의견서 수령을 완료하였다. 다행히 최종 의견서를 제출하기 전 상대방이 최초의 안을 수락하여 소송으로 이어지지는 않았다.

재무적으로 회사에 큰 영향을 줄 수도 있는 업무였기에 어려움도 있었지만 소송과 관련한 제반 사항에 대해 정말 많은 것을 배울 수 있었다. 특히 법무법인의 담당 업무 파트너들과 대등한 입장에서 이슈에 대해 논의하면서 예탁결제원에 필요한 사항을 요구하기도 하는 등 회계법인에서는 경험하지 못한 업무 담당자 역할을 해냄으로써 자신감도 갖게 되었고 이후 다른 업무 수행에도 많은 도움이 되었다.

어딜 가나 영어가 문제! 그래서 영어는 필수다

2009~2010년에 수행한 예탁결제원의 적정 수수료 수익 산정 및 중장기 재무관리방안 수립 관련 연구 용역도 기억에 남는 업무다. 수수료 수익구조를 해외 사례와 비교하여 적정한 영업이익률을 산정하고 중장기적으로 안정적인 재무 건전성을 유지하기 위한 방안을 모색하는 일이었다. 다국적 컨설팅 업체와 계약을 하고 함께 연구 용역을 진행하였는데, 나를 포함해 거기에 참여한 네 명의 담당자들이 밤낮을 가리지 않고 고생하며 창출한 결과물을 가지고 회사의 주요 수수료를 인하하는 등 수수료 체계를 변경하였고, 'Euro-zone 위기', 'double-dip 상황' 등 미래 자본시장에 대한 시나리오별로 중장기 재무관리계획을 수립하였다.

그런데 컨설턴트 중 한 명이 싱가포르 국적의 외국인이어서 그가 맡은 업무에 대해 얘기할 때는 영어를 사용해야 했다. 영어로 공식적인 업무를 수행하기는 그때가 처음이어서 무척 긴장이 됐다. 게다가 그의 말을 백 퍼센트 다 이해할 수도 없었다. 어느 정도의 업무 내용과 흐름을 파악한 뒤 영어로 직접 질문을 던지고자 했으나 자신감이 따르질 않았다. 다행히 나와 같이 회의에 참석한 이 과장이 영어를 잘해서 그의 통역으로 의견을 교환하였다. 나를 제외한 나머지 세 명이 영어로 말하는 현장에서 약간 자괴감을 느끼긴 했지만, 역으로 영어 공부에 대한 의욕을 마음에 품게 되었다.

우리 넷은 함께 작업하며 업무적으로도 많은 대화를 나눴지만, 술

자리에서는 직장 생활의 희로애락과 다양한 업무 경험, 미래의 계획 등에 대해 솔직하게 이야기할 만큼 친분도 쌓았다. 그러면서 어떤 직장에서 무슨 일을 하는지도 중요하지만 자신의 업무 영역에 대한 나름의 노하우를 바탕으로 늘 새로운 도전을 하되 꾸준하고 성실하게 일하는 것이 가장 중요하다는 생각을 하게 됐다. 왜 그랬는지 모르겠지만, 그때 우리가 나눈 대화의 결론은 언제나 '연봉, 근로 시간, 복지 따위보다는 자신이 하고 싶은 일이 무엇인지, 잘할 수 있는 일이 무엇인지를 알고 적극적으로 노력할 때 비로소 성공적이고 의미 있는 직장 생활을 할 수 있다.'는 것이었다.

앞으로 10년, 나의 무대는 세계 금융시장

얼마 전 유럽에서 한국예탁결제원과 같은 기능을 하고 있는 유로클리어(Euroclear)로 연수를 다녀왔다. 유로클리어는 유럽의 특정 국가 내 거래뿐 아니라 국가 간 증권거래에 있어 예탁, 결제, 대차중개, 파생상품 중개 등을 수행하는 기관으로 벨기에 브뤼셀에 본점이 있다.

해외증권거래(유럽인이 비유럽 국가의 주식을 사는 것)를 위해 해당 국가의 중앙예탁기관과 협업을 해야 하듯이, 예탁결제원도 유럽과 한국 간 자유무역협정(FTA) 체결 후 기대되는 자본시장의 변화에 맞추어 펀드계좌의 보다 효율적인 관리를 위한 프로젝트 등을 위해 유로클리어와 협업을 진행하고 있는 상태다. 유로클리어의 디테일한 업무 체계를 다 습득하기에는 짧은 시간이었지만, 업무 담당자들과 예탁결제 관련 전반적인 업무 시스템 및 리스크 관리 등에 대해 논의하고 배울

:: 유로클리어 파생상품 관련 수업에서 참가자들과 토의를 하고 있는 필자.

수 있었던 소중한 기회였다. 더욱이 모든 회의는 영어로 진행됐는데, 비록 유창하지는 않았지만 그간 갈고닦은 영어로 내 의사를 명확하게 전달하고자 노력하였다.

정규 연수 과정이 끝나고 함께 연수를 받은 이들과 함께 저녁 만찬을 즐겼는데, 학생 시절 배낭여행 중에 그랑플라스 광장에서 마셨던 레페브라운을 주문하며, 오랫동안 내가 꿈꿨던 해외 업무를 간접적으로나마 경험한 것에 대해 뿌듯함을 느꼈다. 또 현재 한국이 벨기에보다 빠르게 잘 성장, 발전했다는 생각과 더불어 나 자신도 예전보다 많이 성장하고 배웠다는 생각에 자신감이 차올랐다.

앞으로 10년 후, 세계시장에서 나를 비롯한 회계사의 역할은 어디까지일지 사뭇 기대가 된다. 지금껏 살아오면서 한결같이 품어 온 나의 좌우명을 다시 한 번 곱씹어 본다.

"내가 최고라고 말하는 것은 자만이지만, 내가 최고가 될 수 있다고 말하는 것은 자신감이다."

한국예탁결제원은 매도자와 매수자 간에 주식, 채권, 파생상품 거래가 있을 때 중간자 역할을 하거나 거래에 따른 후선 역할을 하는 기관이다. 국외 투자자들이 우리나라 자본시장에 투자하거나 국내 투자자들이 해외 자본시장에 투자를 할 때도 그와 같은 일을 수행한다.

예컨대 누군가가 뉴욕증권거래소(NYSE)에 상장되어 있는 애플사의 주식을 산다고 가정해 보자. 대부분의 투자자는 단순히 인터넷 주식 거래(HTS)를 통해 애플사의 주식을 취득한 것으로 생각할 것이다. 하지만 이 거래가 완료되기 위해서는 예탁결제원이 일정 역할을 수행해야 한다. 투자자가 인터넷 주식 거래를 통해 애플사의 주식 매입 시 한국예탁결제원은 해외 주식 보관 은행인 씨티은행(Citibank)에 애플사의 주식 취득과 관련한 제반 사무에 대해 업무 지시를 내린다. 그러면 씨티은행은 미국예탁결제원(DTCC)과 주식 거래에 따른 후선 업무(예탁결제원과 증권사 간에 처리하는 업무)를 진행한 뒤 한극예탁결제원에 결과

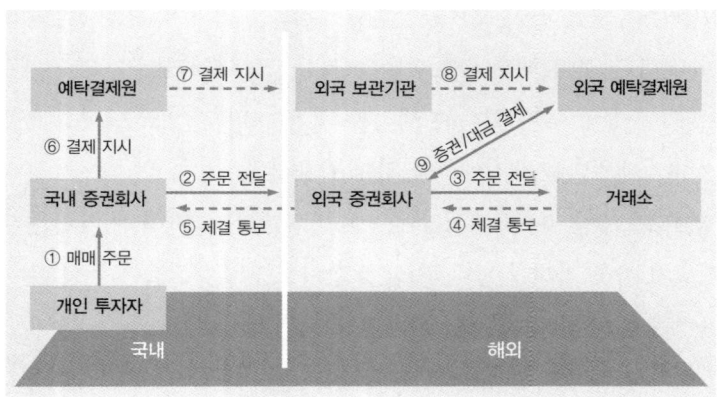

:: 해외 주식 취득 시 예탁결제원의 역할

보고를 하고, 이 자료를 토대로 한국예탁결제원은 투자자가 이용한 증권사와 비교 검증하여 장부(계좌부)를 관리한다.

이처럼 해외 증권거래 시 예탁결제원은 필요불가결한 존재이며 중요한 인프라 역할을 담당한다. 또 해외 증권거래 등이 늘어나면서 외국인 투자자에 대한 과세표준 확정에서부터 수수료별 적정 영업이익률 검토에 이르기까지 해외 투자자금의 흐름이 원활하도록 지원해 줄 수 있는 회계사의 역할은 앞으로 더욱 다양해지고 전문화될 것이다.

대검찰청 첨단범죄수사과에는
회계사가 있다

| 최영윤 |

세종대 경영회계학과를 졸업하고 인터넷 사업을 하다가 2011년 공인회계사 시험에 합격했다. K세무법인과
D회계법인을 거쳐 2011년부터 공인회계사로서 대검찰청 중앙수사부 첨단범죄수사과에서 회계전문수사관으
로 일하고 있다.

"띠리리링~"

퇴근 후 늦은 밤, 휴대전화로 전화 한 통이 걸려왔다.

"안녕하십니까. 대검 중수부 ○○○사무관입니다. 내일 새벽 6시까
지 사무실로 늦지 않게 출근하십시오."

'갑자기 무슨 일이지???'

다짜고짜 출근 시간을 통보하는 전화에 어리둥절함도 잠시, 불안한
마음을 억누르며 겨우 잠이 들었다.

이튿날 새벽 5시. 그날따라 새벽 공기가 차게 느껴졌다. 나는 긴장
된 마음으로 대검찰청으로 향했다.

생애 첫 압수수색

사무실에 도착하니 수사관들이 모여 있었다. 선임 계장님을 따라 회의실로 이동하면서 분위기가 심상치 않음을 느꼈다.

"아, 드디어 압수수색이구나!"

오늘은 대검찰청 검찰수사관으로 임용되고 나서 처음으로 압수수색을 나가는 날이다. 압수수색을 나가기 전에는 관련된 수사 대상 회사의 정보 등에 대한 보안을 철저히 한다. 그래서 압수수색 대상 회사의 회사명조차도 그 장소에 도착해서야 알게 되는 경우가 많다.

회계법인 입사 후 첫 중간감사를 나갈 때의 뉴 스태프(신입 회계사)처럼 모든 게 낯설고 잘할 수 있을까 하는 걱정이 앞섰다. 압수수색을 나가기 전 회의실에서 검사, 수사관, 컴퓨터 자료 압수수색을 위한 디지털포렌식센터(DFC)의 수사지원팀이 압수수색 나갈 장소와 시간 등을 체크하고 팀별 모임을 가진다. 회의실 문 앞에는 뉴스에서만 보던 압수수색용 파란색 검찰 박스도 이미 준비되어 있다.

잠시 후 회의실 문이 닫혔다. 압수수색 장소에 따라 팀별로 모여서 압수수색 관련 주의 사항을 듣는다. 범죄 사실도 살펴보고 압수할 물건 등과 관련된 사항을 꼼꼼히 체크한다.

차량을 이용해 압수수색 장소로 이동하는 동안 알 수 없는 긴장감이 흘렀다. 그에 반해 창밖으로 보이는 아침은 평화롭고 상쾌하기까지 했다. 선임 계장님의 전화 통화가 끝남과 동시에 압수수색 장소에 정차되어 있던 버스의 문이 열렸다. 나의 첫 압수수색이 그렇게 시작되었다.

보통 회계사 출신 수사관들은 회계(경리), 자금부 직원들의 자리를 압수수색한다. 선임 회계사 계장님들이 경리부 직원 자리에서 압수수

:: 확보한 증거물들을 옮기고 있는 압수수색 현장. 파란색 검찰 박스와 몰려든 기자들…, 압수수색 현장은 늘 긴박감이 넘친다.

색을 시작하였고, 나는 선배들의 지시에 따라 비서와 자금 담당 과장 자리를 압수수색하였다. 전혀 생각지 못한 장소에서 수사에 중요한 단서가 될 수 있는 거액의 돈다발이 든 상자를 발견했을 때는 짜릿함마저 느껴졌다. 오전 9시에 시작된 압수수색은 점심 식사 후에도 계속되었고, 해가 질 무렵에야 현장에서 철수할 수 있었다.

확보한 증거물들을 박스에 담아 차량에 싣고 대검찰청으로 복귀한 뒤, 선임 계장님을 따라 압수물 분석을 위한 준비를 마쳤다. 그와 동시에 본격적인 수사가 시작되었다. 회계사 수사관들은 범죄 혐의를 판단하기 위해 수집한 증거들 중에서 주로 회계장부 등을 분석함으로써 수사를 지원한다.

까치 울던 날, 검찰청으로

비가 추적추적 내리는 날이었다. 면접을 위해 곱게 차려입은 흰색 블라우스와 검정 구두가 빗물에 젖을까 걱정스러운 마음 반, 떨리는 마음 반으로 서초동 대검찰청으로 향했다.

처음 와 보는 대검찰청. 그 건물에서 위엄이 느껴졌다. 네모반듯한 건물에서 나는 법 집행의 엄격함을 떠올렸다. 내 마음을 알았을까, 그날 아침 대검찰청 청사 마당에서 울리던 까치 울음소리가 무척 반갑고 고마웠다.

건물 안으로 들어서자마자 옷매무새를 가다듬었다. 방호실의 출입 통제구역을 지나고 나니 심장이 막 뛰기 시작했다. 그때의 긴장감을 아직도 잊을 수가 없다.

어릴 적에 나는 지구 평화를 지키기 위해 악당과 싸우는 소녀들의 이야기를 다룬 〈세일러 문〉이라는 만화 영화를 보며 처음으로 사회 정의에 대해 생각했다. 대학 시절 경영학을 전공하면서 '자본주의의 마지막 파수꾼'이라 불리는 회계사에 대해 막연한 동경을 품었다. 졸업 후에는 한동안 인터넷 사업에 대한 꿈을 좇다가 경쟁 사회에서 살아남기 위한 좀 더 현실적인 길을 찾던 중 늦깎이 수험생 생활을 시작했다.

공인회계사 시험을 준비하던 그때 우연히 검찰청에도 회계사가 근무한다는 사실을 알게 되었다. 2011년 초 터진 저축은행 사건으로 전국이 떠들썩할 때였다. 검찰, 금융감독원, 예금보험공사, 경찰청, 국세청 인력으로 구성된 '저축은행 비리 합동 수사단(이하 합수단)'의 발족식 장면이 연일 뉴스에 보도되었는데 합수단의 구성원 중에 회계사가 포함되어 있다는 사실을 처음 안 나는 머릿속에서 무언가 번뜩이는 것을 느꼈다. 그 뒤 대검찰청 중앙수사부 첨단범죄수사과에서 경력직 회계사를 7급(검찰주사보) 특채로 임용한다는 사실도 알게 되었다. 그리고 내가 배운 회계 전문 지식이 여러 분야에서 의미 있게 쓰이고 있는 것을 보면서 회계전문가로서의 무한한 가능성을 확인할 수 있었다.

수험생 시절, 돌아보면, 남몰래 눈물도 많이 흘렸지만 살아가면서 늘 내게 힘과 용기를 주는 소중한 시간들이기도 하다. 그리고 몇 번의 고배 끝에 찾아온 합격의 소식은 좌절하지 않고 묵묵히 달려온 나 자신과 나를 믿어 준 소중한 사람들에게 빤짝빤짝 빛나는 선물과도 같았다.

"시험에 합격한다면 사회를 위해서 의미 있게 쓰일 수 있는 사람이 되세요."

2차 시험을 며칠 앞두고 평소 알고 지내던 스님의 말씀이 내가 검찰청에 지원하게 된 가장 큰 계기가 되었다.

검찰청 원서 접수 마감 하루 전날 서류 전형에 응시하고 돌아오던 길, 그날도 집 앞 은행나무에서 반갑게도 까치가 울었다.

내가 면접을 본 곳은 대검찰청 DFC 건물이었는데, 면접 예정 시간보다 좀 일찍 도착한 탓에 긴장된 마음으로 다른 지원자들을 기다렸다. 하나, 둘 지원자들이 모였다. 다들 빅4회계법인 출신에 경력이 상당했다. 면접을 위한 사전 절차가 진행된 후 면접 번호 순서에 따라 한 사람씩 면접실로 들어갔다. 면접실에는 6명의 면접관이 나란히 앉아 계셨는데, 너무 떨려서 그때 면접 의자까지 어떻게 걸어갔는지 기억이 나지 않는다.

"여기는 책상에 앉아서 사무만 보는 곳이 아닙니다. 직접 조사도 해야 하고 압수수색도 나가야 합니다. 또 수사에 참여하는 동안에는 야근과 주말 근무를 할 수도 있습니다. 수사가 숨 가쁘게 진행될 때는 강한 집중력과 체력도 요구됩니다. 자신 있어요? 여자라서 힘들겠다는 생각은 안 들어요? 적성에 맞을 것 같아요?"

"네! 자신 있습니다!"

날카로운 질문에 당황한 나머지 나는 나 자신도 놀랄 만큼 큰 소리로 대답했다.

한 달 뒤 최종 합격자 명단에서 내 이름을 확인하고 너무나 기뻤다. 다른 사람들에 비해 경력이 짧아서 별 기대를 하지 않았기에 더욱 그랬다. 그와 동시에 내가 가는 길에는 행운이 함께할 것이라는 긍정의 힘을 다시 한 번 믿어 보기로 했다.

검찰수사관의 가슴 떨리는 첫 경험들

검찰수사관의 '승진자 교육'

대검찰청 수사관 임용 후 첨단범죄수사과 과장님(부장검사)의 배려로 12월 한 달간 사이버 법무연수원에서 형사소송법과 형법 강의를 들으며 검찰 업무에 적응해 나갔다. 가족처럼 알뜰살뜰 챙겨 주시는 직속 사무관님이 직접 수험서를 골라 주셨고, 형법, 형사소송법 내용 중 회계분석수사와 연관성이 높은 횡령죄와 배임죄를 집중적으로 공부했다.

특채로 검찰수사관이 되더라도 한 달간 공채 검찰수사관과 함께 경기도 용인에 위치한 법무연수원에서 합숙을 하며 7급 승진자 교육을 받는다. 승진자 교육은 1년에 두 번 진행되는데 7급 수사관이면 누구나 이 교육 과정을 이수해야 한다. 회계전문수사관이라 하더라도 회계 지식만 가지고는 기업 수사를 진행할 수가 없다. 검찰 업무가 어떻게 진행되는지, 법은 어떻게 적용이 되는지 등을 알아야 좀 더 효과적으로

:: 전문적이고 효율적인 수사 역량을 키우기 위해 검찰수사관들은 다양한 교육을 받는다.

수사에 참여할 수 있다. 승진자 교육 외에도 수사 역량을 지속적으로 향상시키기 위한 법무연수원 교육은 여러 형태로 꾸준히 진행되고 있으며, 회계사 수사관이 직접 법무연수원에서 신임 검사나 수사관을 대상으로 회계 관련 강의를 하기도 한다.

첫 회계분석수사 지원 '서울 서부 지검 형사5부'

2012년 3월, 서울 서부 지검으로 회계분석수사 지원을 나갔다. 검찰 임용 후 정규직 검찰수사관이 되기 위해서는 특채 수사관도 공채 수사관과 마찬가지로 6개월의 수습 기간을 거친다. 당시 수습 신분이었던 나는 검찰 경력 3년차 회계사 계장님과 함께 일주일 예정으로 수사 지원을 나갔다.

마포구 공덕동에 위치한 서울 서부 지검으로 출근하는 날, 담당 검사님이 선임 계장님과 나를 반갑게 맞아 주었다. 압수물과 서류들로 가득한 검사실에 도착해서 수사관들, 실무관들과 인사를 나누고 회계분석을 위해 따로 준비된 방에 짐을 풀었다.

담당 검사님과 수사 관련 회의를 하고 분석에 들어갔다. 선임 계장님이 하는 작업을 이것저것 유심히 보고 모르는 것들은 물어보며 조금씩 일을 해 나갔다. 지원 나오기 전에 검찰 경력이 가장 오래된 고참 회계사 계장님에게 회계분석수사에 대한 교육을 받았는데, 그때 배운 지식이 첫 번째 수사 지원에서 아주 유용하게 쓰였다.

첫 수사 지원이라 무엇을 어떻게 해야 할지 몰라서 혼자 답답해하기도 했는데, 친절하게 설명해 주고 심지어 업무 외적인 고민들까지 들어 주었던 선배들 덕분에 일이 무탈하게 진행되었다. 다만 예상했던 것보다 변수가 많아서 지원 업무가 일주일 더 연장되어 2주 만에 끝이 났다.(회계분석수사 지원 업무는 수사 진행 속도나 상황에 따라서 예상 지원 기간이 단축되거나 연장될 수 있다. 2주일 정도 지원을 나가는 것이 보통이지만 일주일 만에 복귀하는 경우도 있고, 계속적인 지원 연장으로 몇 달 동안 복귀를 못하는 경우도 생긴다.)

지원 기간 마지막 날 저녁, 우리는 서부 지검 검사실 식구들과 택시를 나눠 타고 근처 오리고깃집으로 향했다. 미식가인 담당 검사님이 소개한 맛집이었다.

즐겁고 화기애애한 분위기의 저녁 회식이 끝나고 아쉬운 작별 인사를 했다. 지금도 가끔씩 서부 지검 형사5부의 검사실 식구들이 생각난다. 다들 잘 지내고 계시는지….

마음의 휴식처 '몽마르뜨 언덕'
대검찰청 뒤편에는 반포 4동 서래마을의 명소인 '몽마르뜨 언덕'이 있다. 점심 식사 후 이곳으로 산책을 나오는 검찰청 직원들, 법원 직원들이 많다. 선후배 또는 동료들과 몽마르뜨 언덕을 걷다 보면 친밀감도 깊어질뿐더러 업무 중에는 하기 어려웠던, 예를 들면 일하면서 궁금했던 점이나 고충을 털어놓을 수 있다.

대검찰청에 임용되고 나서 초반에 선배들과 예금보험공사 파견 반장님들을 따라 몽마르뜨 언덕에 참 많이 올랐었다. 대검찰청에서의 모든 일이 다 낯설었었는데, 그분들과의 이야기를 통해 업무나 기타 분위기에 빨리 적응해 나갈 수 있었던 것 같다.

낮에 몽마르뜨 언덕의 산책길을 따라 걷다 보면 귀여운 토끼 가족도 만날 수 있다. 토끼 가족은 몽마르뜨 언덕의 명물이다. 야근을 할 때는 가끔씩 동료들과 함께 저녁 식사로 김밥을 사 가지고 오르기도 한다.

나에게 몽마르뜨 언덕은 번잡한 강남이나 여의도의 빌딩 숲에서는 경험할 수 없는 아늑한 휴식 공간이다.

나는 검찰 공무원이다

출근 시간 엄수!!!

나의 기상 시간은 오전 7시 30분이다. 지금은 직장 가까운 곳으로 이사를 와서 기상 시간이 많이 늦춰졌지만, 이전에는 거의 한 시간 거리였기 때문에 새벽 6시에 일어났다. 아침에 눈뜨기 힘들 때는 공무원의 길을 택한 것을 후회하기도 했다.

회계법인에 근무하는 회계사들은 공무원이나 일반 회사원보다는 시간 활용에 있어 자유로운 편이다. 비(非)시즌에는 출근 자체가 자유롭고, 근무 중에도 개인적인 스케줄이 있으면 업무에 지장을 끼치지 않는 선에서 스스로의 판단 하에 잠시 자리를 비워도 된다. 하지만 공무원은 무조건 출근 시간 엄수다. 근무 시간 중 자리 이탈도 자유로운 편이 아니다. 또 공무원 조직은 상하 관계가 명확하고 보고 체계도 정해져 있다. 이런 근무 형태가 자신과 잘 맞지 않는다면 적응은 쉽지 않을 것이다. 나아가 공무원은 행동 하나하나에 신중을 기해야 한다. 특히 검찰청 직원은 더더욱 바른 생활의 표본이 되어야 한다.

회계사 검찰수사관의 업무

검사가 피의자를 신문할 때 검찰수사관을 참여토록 하는 형사소송법 제243조 규정에 따라 검찰수사관이라는 직업이 생겨났으며, 검찰수사관은 일반 직군이 아닌 공안 직군 공무원 소속이다. 검찰수사관직은 불의를 보면 참지 못하는 성격의 사람과 잘 맞는다. 그리고 맡은 일을 끝까지 해결하고자 하는 책임감과 끈기가 강한 사람에게 특히 잘 어울리는 직업이다.

검찰수사관의 업무는 크게 여섯 가지로 나뉜다. 압수수색 등의 범죄 수사, 자유형 미집행자를 검거하고 재산형(벌금, 추징금)을 집행하는 형 집행, 사건 처리 지원, 국가배상과 행정소송 지원, 검사실 참여 수사관으로서 보강 수사 및 검사신문 참여, 검사직무대리 수행과 일반 행정 업무이다.

현재 검찰청에서 근무하는 회계사 출신 수사관들은 첨단범죄수사과라는 지원 부서에 소속되어 공채 출신 수사관과는 조금 다른 업무를 하고 있지만, 그 활동 영역이 일반직 수사관의 업무로 점점 확대되고 있는 추세이다. 가령 예전에는 참고인 조사 등과 같은 수사 영역에는 별로

:: 네모반듯한 대검찰청 건물의 첫인상은 '법 집행의 엄격함'이었다. 그런데 이제는 친근하고 소중한 나의 일터다.

참여하지 않았지만 최근에는 참여 빈도가 크게 높아졌다.

한편, 수사를 하거나 지원을 하다 보면 회계사 수사관들은 다양한 유형의 전문적인 질문을 받는다. 그러한 질문들을 전문가답고 명쾌하게 해결하기 위해서는 회계 지식뿐 아니라 기업 관련 법률 등 다양한 지식이 요구된다. 또 회계법인에서 근무할 때 못지않게 다양한 업종과 규모의 회사들을 경험하기 때문에 전문가로서의 역량을 마음껏 펼칠 수 있다.

경제 정의의 수호자 '회계전문수사관'

회계는 인류가 발명한 발명품 중에서도 매우 훌륭한 도구이다. 기업 결산이나 기업 인수·합병을 위한 기업가치평가에도 사용되고 기업 관리나 회계감사 시에도 사용된다. 그러나 그것을 어떻게 사용하느냐에 따라 사회의 꽃이 될 수도 있고 사회를 병들게 할 수도 있다. 주가조작, 분식회계, 경제사범 등이 후자의 예일 것이다. 회계사가 검찰수사관이 되면 이러한 대형 경제 사건 수사에서 중요한 역할을 하게 되므로 남다른 자부심을 가질 수 있다. 검찰청 회계전문수사관은 자본주의 경제에서 경제 정의의 수호자 역할을 하기 때문이다.

사실, 나는 임용된 지 얼마 되지 않아서 검찰 생활에 대한 풍부한 에피소드를 담아낼 수 없었고 그 점이 글을 쓰는 내내 아쉬웠다. 하지만 능력 있는 회계사들의 검찰청 지원이 끊이지 않고 훌륭한 회계분석수사관이 배출되는 데 나의 경험담이 조금이나마 도움이 된다면 정말 기쁠 것이다.

대검찰청에서 회계사가 무슨 일을 하냐고?

21세기 고도화된 지식정보화 사회를 맞아 기업 관련 범죄는 더욱 다양한 형태로 급증하고 있으며, 이를 효율적으로 제압할 수 있는 역량을 신속히 갖추어야 할 사명이 수사기관에 부여되어 있다.

검찰에는 특수부, 공안부, 형사부가 있다. 특수부는 공직자의 뇌물 사건이나 대형 경제사범 등을 다루고, 공안부는 간첩사건, 노동사건, 선거사범 등을 다루며, 형사부는 일반 형사사건을 취급한다. 대부분 경찰에서 일차 수사를 하여 사건을 검찰로 송치하면, 검사는 사건을 검토하고 필요한 경우 보완 수사를 한 다음 사건 처리에 대한 결정을 내린다.

내가 근무하고 있는 중앙수사부 첨단범죄수사과는 기존의 자금추적수사팀, 회계분석수사팀, 자금세탁수사반 및 범죄수익환수전담반을 통합해 '범죄수익환수수사센터'로 운영되고 있으며, 그중에서도 회계분석수사팀은 날로 첨단화, 지능화되고 있는 기업 비리 등 각종 화이트칼라 범죄에 효율적으로 대처하기 위해 기업수사전문요원으로 구성되어 있다.

회계분석수사팀은 대검찰청 중앙수사부 사건도 담당하고 있지만 일선 지검이나 지청에서 기업 범죄 관련 회계분석 지원 요청을 해 오면 수사 지원 출장을 나가는 식으로 운영된다. 그동안 두산그룹 사건, 현대차그룹 사건, 제이유그룹 다단계 사건, 병역비리 사건, 바다이야기 사건, 박연차 게이트 사건 등에 투입되어 약 500개 기업의 회계 자료를 분석한 공적을 가지고 있다.

과거에는 국세청 등 유관 기관의 협조를 얻어 기업 수사를 진행했으나, 2004년부터 대검찰청 중앙수사부 첨단범죄수사과에서 검찰주사보로 정식 임용된 회계사 출신 수사관들을 중심으로 기업 범죄 수사 지원을 담당하고 있다. 따라서 회계사 수사관은 검사실에 근무하는 수사관이 아니라, 지원 부서에서 다른 지원 인력들과 팀으로 근무하는 수사관인 셈이다.

일반 대기업이나 금융기관에서 근무하는 전문직들도 마찬가지겠지만, 검찰에 회계사 7급 특채로 임용이 되더라도 늘 겸손한 마음으로 검찰 구성원으로서 함께 융화되려고 노력해야 한다. 어떤 조직에서든 특채로 임용이 되면 넘어야 할 산들이 많다. 이 부분에 대한 이해가 선행되고 배우고자 하는 자세로 겸손하게 임한다면 조직 내에서 빛을 발할 수 있을 것이다.

한편, 검찰청은 회계법인과 달리 시즌이나 비시즌 개념이 없다. 하나의 수사 업무를 놓고 보면 바쁠 때와 그렇지 않을 때로 구분이 되지만 수사의 진행은 규칙적이지 않다. 수사가 집중되는 때에는 야근을 하거나 주말 근무를 해야 하는 경우도 생긴다. 흔히들 말하는 '공무원=칼퇴근' 공식을 기대하고 지원한다면 다소 실망할 수도 있다.

- 내가 대검찰청에 지원할 때 근무 내용이나 근무 여건 등 궁금한 점이 많았지만, 딱히 물어볼 사람도 없고 명확한 정보를 구할 수가 없어서 답답했었는데, 이 글이 검찰 지원을 계획하고 있는 회계사들에게 길잡이가 되어 준다면 더할 나위 없이 기쁠 것이다.

더 넓은 회계사의 세계

3장

금융시장의
암행어사? 암행감사!

| 추현옥 |

이화여대 경제학과를 졸업하고 2003년 공인회계사 시험 합격 후 한국자산관리공사에서 2년간 근무했다.
2006년 금융감독원에 입사하여 현재 총무국에 근무 중이다.

"읽고 싶은 사람은 방학 동안 읽고 나서 소감을 적어 내도록."

중학교 3학년 마지막 여름방학을 앞둔 어느 날 국사 선생님이 3권
짜리 소설책을 보여 주셨다. 그 책은 다름 아닌 『베니스의 개성상인』.
공부도, 숙제도 의무적일 때는 하기 싫은데 안 해도 되는 방학 숙제라
니, 오히려 한번 읽어 볼까 하는 마음이 생겼다.

소설의 줄거리를 요약하자면, 개성상인의 후손이 임진왜란 때 일본
군의 전쟁 포로로 끌려갔다가 우연찮게 베니스까지 흘러 들어가서 무
역회사 창고지기, 회계부 직원, 무역회사 지배인으로 거듭나다가 마침
내는 베니스 무역의 중심에 서게 된다는 내용이다. 그런데 책 내용 중
에 주인공 안토니오 꼬레아의 신분 상승에 중요한 역할을 하는 것으로
개성상인의 장부기록법 '사개송도치부법'이 등장한다. 주인공이 어린

시절 아버지 어깨너머로 배운 복식부기법으로 창고 물품을 기록했는데, 그 당시 베니스에서는 단식부기법만 사용했던지라, 복식부기법으로 창고 물품이 일목요연하게 정리된 것을 본 수석 지배인이 그를 눈여겨보기 시작한 것이다.

작가는 이 책에서 무역과 상업이 발달하기 위한 필요조건으로 충분한 자금력과 우수한 인재 외에도 뛰어난 회계제도가 있어야 함을 간접적으로 보여 준 것이다. 회계가 무엇인지, 회계사란 직업이 어떤 것인지 전혀 몰랐던 중학교 3학년 여름, 나는 그렇게 '회계'란 단어를 처음으로 가슴에 새겼다.

'복식부기'의 마법, 그리고 회계사 시험

학창 시절 나는 꿈보다는 현실을 쫓기에 급급했다. 고등학교 3학년때 IMF를 겪었고, 그러한 경제위기 분위기에 편승해서 무엇이 되고 싶다는 생각보다는 수능시험을 잘 봐서 좋은 대학, 좋은 학과를 가고 싶다는 생각뿐이었다. 경제학과에 입학해서도 재경직 행정고시를 봐서 안정적인 공무원이 되어야겠다고 생각했다. 그러던 중 우연히 경영학과 과목인 회계원리를 수강하게 되었다. 첫 수업 시간에 두꺼운 '회계원리' 책을 몇 장 넘기는데, 별안간 복. 식. 부. 기. 네 글자가 마치 책 속에서 불쑥 튀어 오르는 것 같이 뚜렷하게 보이는 것이다.

그즈음 회계사 시장은 합격자를 500명에서 1000명으로 늘려 뽑고 경영학과 학생 8할이 공인회계사 시험을 준비할 정도로 열풍이었다. 학교, 집, 다시 집, 학교를 오가며 지루한 나날을 보내던 그때, 나 또한 복식부기의 마법에 이끌려 그 열풍에 합류하였다. 곰과 호랑이가 동굴 속에서 쑥과 마늘만 먹으며 인간이 되길 바랐을 그 심정으로 2년 동안 공부를 했고, 운 좋게도 2003년에 1, 2차를 연달아 합격하며 길다면 길고 짧다면 짧은 수험 생활에 마침표를 찍었다.

좌충우돌 금융감독원 근무 7년

2003년 9월 나는 공인회계사 합격자 통지를 받았다. 그즈음 2001년 이후 급격히 늘어난 회계사들을 회계법인에서 다 수용하지 못하는 공급 과잉이 사회적 이슈가 되고 있었다. 나는 졸업까지 두 학기가 남은 상태에서 회계사 시험을 동차로 합격한 나머지 영어 공부, 취업, 조기 졸업 사이에서 갈팡질팡하며 그 어느 것에도 집중하지 못하는 애매한 시기를 보냈다. 그러다 결국 서둘러서 한 학기를 당겨 졸업하였고, 그렇게 아낀 돈과 시간을 영어 공부에 투자해 금융공기업에 들어갈 준비를 하기로 결심했다.

그런데, 누군가 말하길, 인생은 우연의 연속이라고 했던가. 회계사 시험 준비도 우연히 읽은 소설책의 기운을 받아 시작하였는데, 사회생활도 역시 우연한 계기로 시작하게 되었다. 사실, 시간이 많으면 영어 공부도 열심히 하고 책도 많이 읽을 수 있을 줄 알았다. 그런데 학교를 졸업한 지 한 달도 채 지나지 않아 모처럼의 자유가 불안하게 느껴지기 시작한 것이다. 아침부터 밤늦게까지 공부만 했던 수험생에게 24시간 계속되는 자유는 시나브로 압박이었다. 그러던 중 취업 준비를 하던 친구를 따라 공기업 채용 카페에 가입했고 새록새록 올라오는 채용 공고

를 접하게 되었다. 그리고 거기서 금융공기업 중 하나인 한국자산관리
공사의 채용 공고를 발견했다. "회계사 자격증 소지자 서류 전형 우대"
라는 글귀가 눈에 확 들어왔다. 그렇게 운명처럼 우연히 첫 직장 생활
의 테이프를 끊게 되었다.

쉽게 얻은 것은 소중한 줄 모른다. 큰 어려움 없이 직장 생활을 시
작해서인지 몸담고 있는 직장에서 알 수 없는 갈증을 느꼈다. 햇병아리
직장인이었던 탓에 매일 스스로 변화하고 발전해야 한다는 강박관념도
있었다. 반복되는 일상에 적응해서 한곳에 정착하는 것에 대한 막연한
두려움을 느꼈던 것이다. 그래서 조직 생활에 적응할 만하던 2년차에
'다시 뛰기로' 결심했다.

금융공기업 중에서도 회계사가 가장 많이 근무하는 곳은 아마도 회
계법과 가장 관계가 깊은 금융감독원일 것이다.

'공부에 대한 감을 잃기 전에, 더 늦기 전에 한 번 더 도전해 보자.'

금융감독원 채용 시험을 위해 다시 책을 꺼내 들었다. 출근 시간,
점심시간, 퇴근 후 시간을 쪼개고 쪼개서 공부를 했고, 드디어 금융감
독원 신입 직원 채용 시험에 응시하였다. 직장에 적을 두고 있던 터라
동료에게, 팀에 누가 되지 않고자 업무를 더 열심히 하려 노력하는 가
운데 틈틈이 했던 공부라, 시험 준비를 하는 과정에서 이직에 대한 절
실함이 점점 더 커져 있었다.

2005년 12월 중순 어느 저녁, 낯선 번호의 전화 한 통이 걸려왔다.

"안녕하십니까. 금융감독원 인사팀 ○○○입니다. 금융감독원 합격
을 축하드립니다."

그렇게 한국자산관리공사를 떠나 2006년 1월 금융감독원에 공채 7
기로 입사하였다. 그리고 8년차인 2013년 현재, 나는 회계사보다는 선

:: 금융감독원 신입 직원 임용식에서 휘장을 수여 받고 있는 필자.

임조사역 호칭이 더 익숙한 금융감독원 직원이 되었다.

"알바생 아닌가요?"

금융감독원(약칭 금감원)* 입사 후 3개월여에 걸친 신입 직원 연수를 마치고 내가 처음으로 발령받은 곳은 자산운용사를 검사하는 부서였다. 팀 배치를 받은 지 한 달이 조금 더 지났을 무렵 검사 출장 명령이 떨어졌다.(요즘에는 검사원들의 전문성을 강화하기 위해 검사 경험이 없는 직원은 2개월 과정의 검사 아카데미를 수료해야 현장에 나갈 수 있다. 당시에는 그 제도가 도입되기 전이었다.) 출장 첫날, 까만색 정장을 갖춰 입고 떨리는 마음으로 여의도 모 자산운용사에 도착했다. 검사장에 있는 책상에 노트북을 내려놓기 바쁘게 그곳 자산운용사 직

* 금융감독원은 1999년 1월 은행감독원, 증권감독원, 보험감독원, 신용관리기금 등 4개 감독기관이 통합되어 설립된 기관으로 금융기관에 대한 검사, 감독뿐만 아니라 자본시장 조사 등의 일을 수행하고 있다.

원들과 명함을 주고받으며 한 명씩 인사를 나누었다. 그런데 이상하게도 맨 끝에 서 있는 나에겐 아무도 인사를 건네지 않는 것이다. 어색한 자세로 명함을 들고 겸연쩍어하는 나를 발견한 수석님이 자산운용사 직원들에게 소개를 해 주셨다.

"이번에 함께 출장 나온 회계사 검사역입니다."

그러자 자산운용사 직원들도 나만큼이나 겸연쩍어하며 급하게 인사를 건넸다.

"아, 저희는…, 평소에 남자 검사역들만 출장을 나오셔서요. 웬 여자 분이 와 계시기에 검사를 도와주러 온 아르바이트생인 줄 알았습니다. 죄송합니다. 검사 출장에 여자 분이 나오신 건 처음이라서요."

당시에는 금감원의 여직원들은 대부분 감독부서에 배치되어 현장에 나가는 경우가 드물었다. 그런데 신입 직원이 검사부서에 배치되자마자 바로 검사 출장에 나섰으니 이런 반응은 일면 당연했던 것이다. 예기치 않은 인사 해프닝은 검사 출장 첫날의 어색하고 떨렸던 마음을 웃음으로 마무리하게 해 주었다. 그리고 그 해프닝은 감독 대상인 금융기관과 일반 회사의 베테랑 직원들을 상대해야 하는 가시밭 조직 생활의 시작을 알리는 신호탄이기도 했다.

아찔한 '미스터리 쇼핑'

자산운용사 검사부서에서 수행했던 업무 중 가장 기억에 남는 일은 펀드판매 검사다. '암행검사' 또는 '미스터리 쇼핑'이라 불리는 검사로, 사전 예고 없이 불시에 현장에 나가서 펀드판매회사가 투자자들에게 펀드와 관련된 위험을 잘 고지하고 판매하는지 점검하는 것이 그 목적이다. 검사 첫날의 미션은 마치 일반 투자자인 양 펀드를 판매하는 창구에 가서 상담을 받고 계좌를 개설하는 것이다. 2007년 ○월 ○일 오전 11시, 나는 청바지 차림에 머리를 질끈 묶고서 모 증권회사 모 지점에서 대기 번호표를 뽑았다.

딩동~.

내 번호가 전광판에 뜨자 심호흡을 크게 하고 창구로 갔다.

"펀드에 가입하고 싶어서 왔어요."

거짓말을 하는 것도 아닌데 어찌나 심장이 쿵쾅거리는지, '암행어사도 아무나 하는 게 아니었군.'에서부터 별별 생각을 다 해 가며 30여 분간 상담을 받았다. 직원이 펀드 가입의 절차를 하나하나 설명해 주는 동안 내 머릿속에는 검사 체크리스트가 펼쳐졌다. 펀드에 대한 설명, 위험 정도, 투자자의 투자 성향 파악 등 하나하나 체크하며 상담을 이어 갔다. 상담 중에 혹여 내가 검사자의 입장이 되어 검사 면담을 하듯이 행동하는 일이 없도록 실제로 펀드에 투자하기로 마음먹고 일부러 마음에 드는 펀드 계좌를 개설해서 소액을 입금했다.

그리고 다음 날 검사출장명령서를 들고 검사반원들과 그 지점의 문을 열었는데, 아뿔사, 눈썰미 좋은 그 직원이 나를 알아보는 게 아닌가.

"어제 오신 그분 아닌가요?"

알고 보니 나를 상담해 주었던 직원은 그곳 부지점장이었고, 그날 창구가 혼잡할 때 잠깐 도와주기 위해 창구에 나온 것이어서 그에게 펀드 상담을 받은 투자자는 내가 유일했단다. 순간 내 얼굴은 빨갛게 달아올랐고, 머릿속에서는 전날 그를 속인 데 대한 미안함과 함께 당황스러움이 교차했다.

3일간의 짧은 펀드판매 점검은 빠르게 지나갔다. 그때 가입했던 펀드의 수명은 꽤 오래갔으며, 펀드판매 점검과 투자 위험 고지, 수익률은 각각 별개라는 당연한 깨달음을 얻기도 했다. 주절거림을 조금 더 하자면, 그 당시 내가 가입한 상품은 고위험 고수익을 노리는 위험 선호 투자자를 위해 새롭게 출시된 파생상품 펀드였다. 지지부진한 수익률에도 불구하고 괜한 사명감에 1년 남짓 계좌를 유지했지만, 그 성과는 은행이자율에도 못 미쳐서 개인적인 아쉬움이 조금 남았더랬다.

증권계 거물과의 기 싸움

금감원에서 4, 5급 직원들은 대개 한 부서에서 2년을 근무하고 다른 부서로 이동을 한다. 이러한 순환보직은 은행, 증권, 보험 등 각 권역에서 다양한 감독, 검사 업무를 함으로써 직원 개개인을 전문 인재로 양성하기 위함이다. 나 역시 자산운용사 검사부서에서 2년을 근무한 후 회계감독국으로 옮겼다. 회계감독국은 상장, 비상장회사와 그 회사를 외부 감사했던 회계법인을 조사, 감리하는 곳으로 금감원 내에서도 회계사로만 구성된 특이한 부서이다. 사실 나와 같은 회계사들 입장에서는 함께 근무했던 동료 혹은 한 다리 건너 아는 지인을 조사해야 하기에 정서적으로 반갑지 않은 부서이기도 하다. 어제의 동료를 오늘 적이 되어 전쟁터에서 만나는 기분이랄까.

매 사업연도 결산 후 상장회사의 감사보고서가 금감원에 제출된다. 그러면 그 사업보고서 및 감사보고서를 감리하여 해당 회사의 분식회계 여부를 조사하는 것이 회계감독국의 주 업무인데, 조사를 하다 보면 회사 및 감사인의 관련자들에게 출석을 요구하여 직접 문답을 하는 일이 종종 생긴다. 하루는 상장회사의 경영권 양수도와 관련해 그 회사 지분을 매수했던 최대 주주를 불러 문답을 진행하였다. 40대 초반쯤 되었을까. 까만 얼굴의 남자가 문답실로 성큼성큼 들어오더니 의자에 몸

:: 회계감독2국에서 근무할 때 열린 워크숍에서 발표를 하는 필자.

을 비스듬히 기대앉으며 꺼낸 첫마디는 다음과 같았다.

"나로 말하자면, 우리나라 증권업계의 거물이란 말입니다. 여기서 얼굴 보고 앉아 있는 것도 영광인 줄 아시오. 내가 얼마나 바쁜 사람인데, 오라 가라 하는 건지…. 부르려면 좀 제대로 알고 부르란 말이오."

그는 문답 초반 30분 내내 자신이 어떤 사람인지, 어떻게 주식시장에서 돈을 벌었는지 등등에 대해 영웅소설에나 나올 법한 황당무계한 이야기를 풀어놓으며 내가 비집고 들어갈 틈을 주지 않으려 했다. 그와 나의 기 싸움이 시작된 것이다. 준비된 문답서는 채 두 시간도 걸리지 않을 분량이었는데, 그는 질문에 대한 답변을 장황하게 돌려 말하거나 불과 5분 전 답변을 다시 정정하며 의도적으로 시간을 지연시켰다. 하지만 차츰 시간이 지나면서 그도 평정심을 찾았는지, 이마의 땀을 닦아내며 긴장된 모습을 보였고 답변이 담백해졌다.

나 역시 문답 시간 내내 바짝 긴장하여 온 신경이 곤두서 있었지만, 상대방이 날카롭게 나올수록 오히려 더 부드럽게 응대하려고 노력했다. 다행히 시간이 흐르면서 서로 긴장이 풀려 자연스럽게 문답을 진행하였고, 다섯 시간의 긴 문답이 끝나 갈 즈음에는 마치 오래 알고 지냈던 사이처럼 친해졌다.

그로부터 5년이 지난 지금도 생생히 기억할 만큼 힘든 문답이었지만, 금감원에서 근무하는 사람의 자세에 대해 큰 깨달음을 얻은 시간이기도 하다. "부드러움이 능히 강함을 이긴다."라는 유능극강(柔能克强)의 참뜻을 몸으로 깨달은 그날 이후, 나는 금융기관 혹은 유관 기관의 직원을 상대할 때면 경청과 부드러운 응수를 최우선으로 하고 있다.

"검사실에 출두하라고요?"

금융감독원 직원으로서 감독관, 검사원으로 문답하고 조사하는 일에 익숙해져 있던 어느 날, 검찰에서 전화 한 통이 걸려왔다.

"남부 지검 ○○○검사실인데요. ○○회사 고발 관련 참고인 조사를 해야 하니 ○월 ○일 검찰에 출석하시기 바랍니다."

금감원이 상장법인의 사업보고서에 대해 감리나 조사를 한 뒤 검찰 고발 혹은 검찰 통보 등의 조치를 한 경우, 검찰이 관련 내용 및 경위를 묻기 위해 담당 조사자에게 출석을 요구하는 사례가 종종 있다. 그런데 ○○회사에 대해 최종 조치가 나간 지 3개월이 지났고, 그사이 다른 부서로 이동해서 회계감독국에서 했던 업무를 잊고 지냈는데, 검찰 출석 요구를 받고 보니 머리가 아파 왔다. 단순한 참고인 조사였음에도 불구하고 마치 피의자가 된 듯한 기분이 들었고, 혹시라도 내가 조사 중에 잘못한 일은 없는지, 누락된 건 없는지 등등 걱정이 되어 검찰에 가기 전날 오래된 서류를 꺼내어 그 내용을 몇 번이고 다시 살펴보았다.

하루 꼬박 4시간씩 이틀에 걸쳐 조사에 응하는 동안, 옆 검사실에서

:: 금감원 신입 직원 연수에서 퍼포먼스 공연을 하는 필자. 어느덧 10년차 직장인이 되었지만 그는 이제부터가 진정한 '시작'이라고 말한다.

는 고성이 오갔고 복도에는 포승줄에 묶인 피고인들이 지나갔다. 참고인 진술을 위해 검찰에 들어가는 것도 이렇게 긴장이 되는데, 죄짓고 피고인 자격으로 검찰에 출두하는 것은 얼마나 긴장이 될까. 죄를 짓는 것도 아무나 하는 일은 아닌가 싶었다.

금감원으로부터 출석요구서를 받는 회사 관계자들의 심정도 아마 그러했을 것이다. 내가 직접 경험을 하고 나자 그들의 심정을 조금 이해할 수 있었다. 그래서 이후로 회사에 출석요구서를 보내야 할 때면 먼저 당사자에게 연락하여 그 이유를 상세히 설명해 주었다. 특히 단순 참고인에게는 어떤 내용을 질문하게 될지 등을 미리 설명해 주었다.

준비체조 끝, 지금부터가 시작이다

나는 2003년부터 현재까지 한국공인회계사회에 휴업회계사로 등록되어 있다. 시험에 합격하고 나서 현재까지 회계사 본연의 업무를 하지 않았다. 회계법인에 소속된 게 아니다 보니, 신입 직원일 때는 여느 신참 직장인과 똑같이 팀 잡무, 부서의 총무 업무를 하기도 했고, 경력이 쌓인 다음부터는 공인받은 회계 지식으로 조금은 더 전문적이라 분류되는 업무를 하고 있다.

사실, 회계사 시험 준비를 하던 학창 시절에는 시험 합격만 하면 그만인 줄 알았다. 그러나 회계사 자격증은 내게 새로운 시작을 알리는 호루라기였다. '이제 끝이야.' 하고 마음을 놓을 무렵 "준비체조 끝. 출발~." 하고 머리를, 가슴을 때리는 호루라기 말이다. 한때 메이저리그 마무리투수로 인정받았던 김병현 선수가 메이저리그를 떠나 일본 독립 리그에서 제2의 야구 인생을 시작할 때 모 인터뷰에서 이런 말을 했다. "제 자신이 만족할 수 있는 공을 던지느냐가 가장 중요해요. 제 스스로 만족 못하는 공을 다른 사람에게 보여 준다는 건 너무 창피스러운 일입니다."

시험 합격 후 햇수로 11년, 그사이 기업회계기준은 국제회계기준 (IFRS)으로 바뀌었고 금융시장은 하루가 다르게 진화, 발전하고 있다. 살아 숨 쉬는 금융시장을 감독하기 위해 나에게 주어진 임무는 그에 알맞은 전문 지식을 갖추고 경쟁력 있는 인재, 시장을 선제하여 감독할 수 있는 인재가 되는 것이다.

하지만 그보다 먼저 야구 선수 김병현이 자기 자신이 인정할 수 있는 공을 던지기 위해 수많은 땀방울을 흘렸듯이, 나 역시 회계사로서 자신에게 부끄럽지 않은 사람이 되고 싶다. 그래서 매일같이 꿈꾸고 달리고 있다. 중학교 3학년, 꿈과 희망에 가득 차 소설책 책장을 넘겼던 그때처럼 매일 벅찬 숨을 나눠 쉬며 나는 오늘도 출근을 한다.

비싼 저녁 식사와
맞바꾼 가치평가기법

| 김병환 |

경남 산청 출신으로 거창대성고와 연세대 경영학과를 졸업했다. 1991년 제26회 공인회계사 시험에 합격하여 한영회계법인(구 영화회계법인) 감사본부에서 직장 생활을 시작했고, 지금은 언스트앤영한영 재무자문본부에서 기업가치평가전문가(전무이사)로 활동하고 있다. 국내 회계법인에서 가치평가서비스 분야를 처음으로 발굴하고 기업가치평가기법을 일반화하여 널리 보급하는 데 공헌해 왔다.

우리 법인의 멤버 펌인 언스트앤영(Ernst & Young) 미국 기업가치평가팀과 공동으로 NPL 매각 업무를 할 때 일이다. 약 2개월간 계속된 프로젝트를 마감하는 즈음에 미국 측의 흑인 여성 회계사가 나에게 사진을 같이 찍기를 청했다. 나는 '내가 좀 잘생기긴 했지.'라고 생각하며 거만하게 촬영에 임했다. 그런데 잠시 후 나를 사진에 담고 싶었던 이유를 듣고는 망치로 머리를 세게 맞은 듯 큰 충격을 받았다. 반팔 와이셔츠에 넥타이를 착용한 모습이 너무 신기해서 본국의 친구들에게 보여 주고 싶었다는 것이다. 외국인도 반팔 셔츠를 즐겨 입지만, 넥타이를 매는 와이셔츠는 모두 긴팔이라는 것을 그제야 알게 되었다.

이렇게 허술하고 촌스러웠던 내가 현재 언스트앤영한영에서 기업가치평가전문가이자 전무이사로 활동하고 있다니, 돌아보면 조금 우습

기도 하고 '회계사가 진정 나의 길이었나.' 싶기도 하다.

CEO가 되고 싶었던 촌뜨기 회계사

나는 경상남도 산청 두메산골 출신이다. 그곳 어른들은 아직도 내가 무슨 일을 하는지 잘 모른다. 그저 막연하게 기업들의 어떤 문제를 해결해 주는 '해결사' 정도로만 알고 있다. 젊은 날 나는 소위 잘나가는 사람의 대명사인 '사장님'이 되겠다는 꿈을 안고 경영학과에 들어갔다. 그러나 막상 경영학 공부를 해 보니 CEO는 하루아침에 될 수 있는 것이 아니었다. 충분한 경험과 여러 자질 외에도 창업을 위한 자본이 필요했다. 나는 CEO가 갖춰야 할 것들을 하나씩 달성하기로 결심했다. 그중에 가장 우선은 숫자에 대한 감각과 숫자 관리 능력이라고 생각했고, 그러한 자질을 갖추는 가장 확실한 방법으로 공인회계사 시험을 선택했다.

대학 2학년 겨울방학 때부터 회계사 시험 준비에 들어갔다. 학원 수강을 결심하고 새벽 강의에 등록을 했는데 밥 먹듯이 지각을 하고 강의 시간에 꾸벅꾸벅 졸다가 첫 시험에 보기 좋게 낙방. 그다음 해에도 결과는 마찬가지. 굳이 변명을 하자면, 혼자 힘으로 학비와 생활비를 해결하겠다는 일념으로 1학년 때부터 과외 아르바이트 두세 개는 기본으로 했고 장학금을 받기 위해 전공 공부도 소홀히 할 수가 없었다.

졸업을 앞둔 4학년 2학기, 친구들은 대기업, 금융기관 등 당시 인기 있던 회사들에 지원서를 넣었다. 시골에 계신 부모님께 죄송한 마음과 함께 장래에 대한 불안감이 엄습했다. 다음 시험에는 무조건 합격해야겠다는 절박함이 생겼다. 아르바이트를 한 개만 남기고 모두 정리했다. 그러고 나서 대학 내 고시준비실에 들어가 시험공부에 몰두했다. 이듬해 봄, 나는 제26회 공인회계사 시험에 당당히 합격했다.

집에서 가장 가까운 회계법인으로 출근 결정!

공인회계사 시험에 합격하자마자 대부분의 회계사들이 그렇듯이 나 또한 곧바로 회계법인에 취직을 했다. '집에서 버스로 한 번에 갈 수 있는 곳이어서 좋다.'라는 아주 단순한 생각으로 회사를 선택했는데, 그곳이 바로 증권거래소 맞은편에 자리하고 있던 영화회계법인(지금의 언스트앤영한영)이다. 당시 회계법인의 주 업무는 회계감사였는데, 가을쯤 중간감사가 시작되어 연말부터 이듬해 3월까지 기말감사가 이루어졌다. 그 외의 기간에는 일이 거의 없었다. 공인회계사들은 영어 공부나 전문 서적에 몰두하는 학구파, 바둑이나 장기를 두는 취미파, 그리고 당구나 볼링을 치는 스포츠파 등으로 나뉘어 여유로운 시간을 보냈다.

감사 시즌에는 말 그대로 눈코 뜰 새 없이 바쁜 하루하루를 보내야 했다. 당시에는 한 고객사당 3일에서 일주일 정도 걸리는 감사가 끝나면 그 고객사의 직원들과 저녁 식사를 같이하는 것이 관례였는데, 이런 날은 술로 끝장을 봐야 하는 경우가 대부분이었다. 감사팀의 얼굴에 어두운 그림자가 드리워졌다. 살인적인 업무로 며칠을 야근에 시달리다 마지막 날에는 술로써 마지막 승부를 내야 한다니…. 그날을 위해 1년간 컨디션 조절을 해 온 고객사 담당자들과 거의 일주일 단위로 그런

:: 언스트앤영한영회계법인 내 회계사들의 친목과 결의를 다지는 사내 체육대회 모습.

술자리를 반복해 온 우리 감사팀 사이의 게임은 이미 승부가 난 것이나 다름없었다. 그러나 마지막이 아닌 마지막 승부도 계속하다 보니 노하우가 생겼고, 무엇보다도 회계사로서 이 정도도 못하면 안 된다는 깡으로 버티며 매해 감사 시즌을 무사히 넘길 수 있었다.

이렇게 한 해 한 해 업무 경험이 쌓이고 인간관계가 넓어지면서 동시에 더 무게감 있는 업무도 맡게 되고 전문가로서의 자신감도 점점 커질 즈음, 내 속에서는 새로운 일에 대한 갈망이 싹트기 시작했다.

단군 이래 최대의 이권사업 컨설팅에 뛰어들다

1995년경으로 기억된다. 감사 업무가 없는 슬로우 시즌에 틈틈이 컨설팅 업무를 경험하고 공부한 나는 그해 여름 휴대통신 사업계획서 작성 용역에 참여하게 되었다. 단군 이래 최대의 이권사업으로 인식되던 새로운 통신사업자 선정 절차가 정보통신부에서 진행되었고, 이 사업권을 획득하고자 내로라하는 많은 기업들이 출사표를 던졌다. 삼성, 현대, LG와 같은 대기업, KT와 같은 기존 통신사업자, 한솔과 같은 중견 기업 등이 사업권 획득에 뛰어들었다. 각 회사들은 회사 안팎의 최고 전문가들로 테스크포스팀을 꾸렸고 이에 따른 자문 수수료도 규모가 엄청났다.

우리 법인은 현대 측의 사업계획서 작성을 지원하는 용역 계약을 체결했고 나는 자문팀에 참여해 사업계획서 중에서도 영업계획 및 재무계획 작성을 담당했다. 현대전자 전문가들의 아이디어와 우리 법인 팀원들의 아이디어를 조율하고 이것을 5개년 추정 재무제표에 숫자로 나타내는 것이 나의 주 임무였다. 완전히 새로 설립되는 회사의 5개년 추정 재무제표는 고려해야 할 사항이 많았으며 다양한 변수들이 존재해서 그 변수들이 변경될 때마다 추정치를 갱신해야 했다. 약 3개월간 지속된 이 프로젝트는 최종 계획서를 제출하는 순간까지 긴장과 밤샘 작업의 연속이었다.

정보통신부에서는 사업자 선정 방식에 대한 오랜 논의와 논란 끝에 총 3개의 새로운 통신사업자 허가를 내기로 했는데, 대기업, 기존 통신사업자, 중견 기업에 각 1개씩 배정하기로 방침을 정했다. 이 방침으로 인해 사업계획서 제출을 열흘 앞두고 대반전이 일어났다. 당시 대기업 군에서 가장 강력한 후보였던 LG에 맞서 앙숙으로 간주되던 삼성과 현대가 컨소시엄(단일화)을 결정하는 초유의 사태가 벌어진 것이다. 이 때부터 삼성과 현대가 각자 준비해 왔던 사업계획서를 통합하는 새로운 작업이 진행되었다. 서로 다른 시각에서 바라보던 사업 전망을 통합하고 결과적으로 산출되는 추정 재무제표를 완성하는 것은 정말이지 쉽지 않은 작업이었다. 프로젝트가 끝나고 뉴스에서 삼성과 현대의 통합사업계획서(가칭 에버넷)가 제출되는 장면을 보는데, 그간 동고동락했던 팀원들의 얼굴이 스쳐 가면서 나도 모르게 눈물이 흘렀다.

이렇게 탄생한 통신사가 지금의 LG U+와 KT(KT프리텔, 한솔 PCS)이다. 그때 현대는 삼성과 컨소시엄을 구성하여 대반전을 노렸으나 LG에 사업권을 빼앗기고 만 것이다.

IMF 경제위기의 혼돈 속에서

1997년 겨울에는 시중금리가 연 25퍼센트로 치솟고 수많은 기업들이 부도를 내면서 금융기관들의 손실 규모가 걷잡을 수 없이 불어났다. 해외 부채를 갚을 달러가 바닥나 버렸고 국가경제가 끝없는 수렁으로 빠져들고 있었다. 이후 새 대통령으로 선출된 김대중 당선자는 결국 IMF 구제금융을 받기로 결정하고 IMF가 제시하는 (지금 돌이켜 생각해 보면 상당히 무모한) 긴축을 감내하기로 했다.

IMF가 제시한 긴축 정책으로 인해 수많은 한계기업들이 부도를 내고 수많은 시중은행들이 통폐합되거나 정부에 구제금융을 요청하였다. 그러면서 회계법인에 부실은행 실사 업무가 무더기로 쏟아졌는데, 나도 강원은행, 제주은행, 장기신용은행, 한일은행, 대동은행 등 지금은 주인이 바뀐 다수의 시중은행 실사에 참여하였다.

IMF 사태 해결은 공적자금을 수혈받은 한국자산관리공사(KAMCO)가 부실금융기관의 채권을 사들이고 KAMCO는 이 부실채권을 외국의 벌처펀드(vulture fund)에 매각해 공적자금을 회수하는 방식으로 이루어졌다. 나는 KAMCO 99-1이라고 하는 부실채권매각 용역에 참여했는데, 이때 우리나라의 경험 부족과 IMF의 무리한 긴축 정책으로 인해 수많은 외국 펀드들이 떼돈을 버는 것을 목격하며 많이 상심했었다. 진로, 기아와 등 유수한 기업들의 회사채가 원금의 10~20퍼센트밖에 안 되는 돈에 팔리고 2~3년 뒤 원금과 이자를 투자자에게 지급하게 되면서 외국 투자자들이 막대한 이익을 챙겼던 것이다.

최근 유럽의 몇몇 국가들이 예전의 우리와 비슷한 처지에 놓인 것을 보면 IMF 체제하에서 겪었던 서러움을 언젠가는 꼭 되갚아 주겠다고 다짐했던 그때의 기억이 나면서 격세지감을 느낀다. 얼마 전부터는 발 빠른 국내 기업들이 남유럽의 명품 브랜드를 비교적 저렴한 가격으로 사들이고 있는데, 지금이 바닥인지 아닌지에 대한 확신은 없으나 개인적으로 바람직한 현상이라고 판단된다.

또 한 번의 도약, 기업가치평가전문가

IMF 사태로 인해 금융시장이 개방되고 수많은 외국 투자자들이 한국 기업 인수·합병(M&A)에 대한 관심을 가지게 되었다. 이전까지 우리나라에서 진행된 M&A는 소규모거나 관계 회사끼리의 합병이 고작이었다. 그러나 외국 투자자들이 들어오면서 대형 M&A가 빈번해지고 아울러 새로운 기업가치평가기법에 대한 요구가 증가했다. 당시 외국 투자자들이 일반적으로 요구하는 가치평가기법은 영업현금흐름할인법(DCF)이었는데, 국내 회계법인에는 DCF 전문가가 없었다. 어쩔 도리

:: 2008년 '아시아 M&A시장의 기업가
치평가'를 주제로 열린 세미나에서 발표
중인 필자.

없이 필요할 때마다 외국의 전문가들을 불러서 이 업무를 수행했고 우리가 받아야 할 수수료의 많은 부분을 그들이 챙겨 갔다. 나는 어떻게든 외국 전문가들이 수행하던 가치평가기법을 알고 싶어서 그들이 자리를 비운 사이 노트북 컴퓨터 화면을 힐끔힐끔 훔쳐보기도 했으나 도무지 알 수가 없었다. 중요 부분들에 비밀번호를 걸어 놓거나 보이지 않도록 처리해 놓았기 때문이었다.

고심 끝에 외국인 재무모델링 전문가에게 비싼 저녁을 사기로 약속하고 하루짜리 교육을 부탁했다. 비좁은 회의실에서 재무자문본부 팀원 10여 명이 함께 강의를 들었다. 당연히 강의는 영어로 진행되었다. 그 당시 나는 영어를 잘하지 못했는데도 거짓말처럼 그날만큼은 강사가 무엇을 설명하는지 너무 이해가 잘됐다. 신기한 경험이었다.

이 교육을 계기로 나는 재무모델링 전문가가 되었고, 내가 만든 재무모델이 수많은 기업들, 심지어 경쟁 회계법인에서 사용하는 재무모델의 원형이 되었다. 현재 회계사들이 쓰고 있는 재무모델에 비하면 단순하고 세련되지 못했지만 당시로서는 매우 획기적인 일이었다.

재무모델링 기법을 습득한 나는 처음으로 국내 기업에 대한 가치평가 업무를 수행할 수 있는 기회를 잡았다. IMF의 그늘이 아직도 우리나라에 남아 있던 2000년도 언저리로 기억된다. 미국 투자회사와 투자유치를 협의하는 과정에 있던 고객사가 미국 투자회사로부터 전문가가 수행한 기업가치평가보고서를 요구받고 나에게 의뢰를 해 온 것이다. 가치평가기법만 믿고 시작은 하였으나 정해야 하는 조건변수들이 무수히 많았다. 매출, 원가, 현금흐름의 추정은 물론이고 할인율, 영구성장률 등등 난관에 부딪힐 때마다 관련 서적을 탐독하면서 한 걸음 한 걸음 나아갔다. 드디어 첫 작품이 완성되었고 고객사와 최종 협의 후 보고서를 발행하였다. 그때의 감격은 마치 아이의 첫걸음마를 목격한 부모의 심정이라고나 할까.

보고서는 미국 투자회사에 전달되었고, 투자 유치가 순조롭게 진행되기를 기대하면서 다른 업무를 준비할 즈음 미국의 투자자로부터 한 통의 이메일이 날아왔다. 보고서를 잘 참조하였다는 내용과 노고에 감사드린다는 상투적인 인사말에 이어 예닐곱 가지의 질문을 첨부하면서 설명을 요구했다. 나는 긴장된 얼굴로 질문 내용을 하나하나 읽어 내려갔다. 특별한 이슈가 없는 것들이어서 점점 마음의 여유를 찾아갈 즈음 다섯 번째 질문에 맞닥뜨렸다. 운전자본 분석 내용이 좀 이상하니 재검토해 달라는 것이었다. 노트북에 저장되어 있던 엑셀을 열어 운전자본 분석 내용을 확인하였다. 그 순간 하체에 힘이 빠지면서 하늘이 노랗게 보였다.

본래 성장하는 기업의 경우 운전자본은 현금흐름에 마이너스 효과

:: 철저한 품질 점검으로 널리 인정받고 있는 언스트앤영한영 V&BM(Valuation & Business Modeling)팀 교육 모습.

를 미치게 되어 있다. 그런데 나는 이미 마이너스로 표시된 운전자본 소요 금액에 다시 한 번 마이너스 표시를 함으로써 결과적으로 플러스 효과가 나게 계산했던 것이다. 오류를 수정하여 가치평가를 다시 계산 해 보니 당초 평가 금액의 50퍼센트 수준으로 줄어들었다. 투자회사에 오류를 시인하고 수정 가치평가보고서를 보냈다. 하지만 이미 투자자 의 신뢰를 잃은 나의 첫 작품은 쓰레기가 되고 말았다.

투자 유치는 실패로 돌아갔고 의뢰인의 원망은 하늘을 찔렀다. 고 객을 잃은 것은 말할 것도 없고 소송을 당할 위기에까지 놓였다. 다행 히 우리 법인의 대표와 고객사 사장 간 친분으로 가까스로 소송은 면하 였다.

이 일을 계기로 나는 전문가의 실수 하나가 고객사에 엄청난 파장 을 일으킬 수 있다는 것을 몸으로 깨달았고, 평가 결과를 고객사에 제 출하기 전 제삼자에게 재검토(리뷰)를 받는 절차의 중요성을 뼈저리게 느꼈다. 그리고 이런 실패 경험을 교훈 삼아 우리 법인의 가치평가팀은 철저한 품질 점검 절차를 실행하게 되었으며, 시장에서 신뢰받는 팀으로 성장해 지금은 20여 명의 가치평가전문가들이 연간 100건 이상의 가치평가 프로젝트를 차질 없이 수행하고 있다.

회계사가 되고자 하는 후배들에게

내가 처음 회계사가 된 1990년대 초반에는 매해 250명 정도의 회계사가 배출되었지만, 근래에는 매해 1000명 이상의 새로운 회계사가 쏟아져 나오고 있다. 반면에 회계사의 주요 업무 분야인 회계감사시장은 성장이 정체되어 있다. 이 말은 회계사 시험에 합격만 하면 성공이 보장되던 과거와 달리 이제는 회계사들도 치열한 경쟁을 해야 한다는 뜻이다. 즉 회계사로서 경쟁력을 갖춰야 한다. 그런 맥락에서 선배 회계사로서 후배들에게 몇 가지 당부의 말을 하고 싶다.

첫째는, 두말할 필요 없이 회계사로서 맡은 분야에 대한 전문 지식을 갖춰야 한다. 고객은 회계사의 전문 지식을 필요로 하고, 또 그 전문 지식을 신뢰할 때 비로소 회계사를 찾게 된다. 따라서 회계사로서 가장 기본적으로 갖추어야 하는 소양은 자신의 분야에서 최고의 전문가가 되는 것이다. 처음 회계사로 발을 내딛는 그 순간부터 전문가가 되기 위한 노력을 경주해야 한다.

둘째는, 성실성과 책임감이다. 모든 회계 서비스는 달성해야 할 품질 수준이 있고 시작부터 완료까지 정해진 기간이 있다. 몸이 힘들다고 해서 일을 게을리하거나 업무가 벅차다고 해서 중도 포기한다면 전문가로서 인정받을 수 없다. 어떠한 경우에도 팀원들과 합심해 높은 품질의 결과물을 정해진 기간까지 완성하는 것이 고객에게서 신뢰와 인정을 받는 길이다. 회계사로서 일하는 한 품질과 기한에 대한 요구는 계속되기 때문에 성실성과 책임감을 갖추지 않으면 처음 몇 년을 버텨 내기도 힘들 것이다.

셋째는, 직급이 점차 올라감에 따라 회계전문가는 물론이고 특정 산업의 전문가가 되어야 한다. 모든 이슈는 고객 회사의 산업과 연관되어 있고 그 산업에 대한 높은 수준의 전문 지식이 없이는 훌륭한 회계 서비스를 제공할 수 없기 때문이다. 고객 회사의 CEO와 관련 산업 이슈를 논의할 수 있는 정도의 전문 지식을 보유해야 한다. 이는 동일 산업에 여러 번 서비스를 제공한 경험을 통해 길러지기도 하지만 기본적으로 해당 산업에 대한 지속적인 관심과 공부가 필요하다.

넷째는, 영어, 더 넓게 말해 외국어 능력이다. 이제 '글로벌 사회'라는 말은 매우 식상한 말이 되었는데, 이것은 역으로 '글로벌 역량'을 이미 그 밑바탕에 깔고 간다는 것을 의미한다. 즉 글로벌 역량을 갖추는 것이 그만큼 기본적이고 중요하다는 말이다. 우리나라 대부분의 기업은 세계 곳곳에 사업장을 두고 있으며 세계를 상대로 수출입을 하고 있다. 실제로 최근 회계법인 업무 가운데 많은 부분을 국내 기업이 해외로 진출하거나 외국 기업을 대상으로 M&A를 하는 프로젝트가 차지하고 있다. 따라서 외국어, 특히 영어 의사소통 능력은 매우 중요하다.

마지막으로, 네트워킹 능력이다. 회계법인의 가장 높은 직급을 파트너라고 부른다. 회계사로서 능력을 진정으로 꽃피우기 위해서는 파트너가 되어야 하는데, 파트너가 된다는 것은 전문적인 능력을 보유하고 있다는 의미뿐 아니라 새로운 업무를 개발할 수 있는 능력을 가지고 있다는 의미이기도 하다. 새로운 업무개발 능력은 네트워킹 능력과 비례한다고 해도 과언이 아니다. 자신의 네트워크를 확대하기 위해 파트너가 되기 전부터 다양한 단체에 가입하거나 대학 내 교육 과정(최고경영자 과정)을 밟는 등의 노력을 하면 도움이 될 수 있다.

회계사는 회계법인에서 어떤 일을 할까? (재무자문 중심)

최근 회계법인은 저마다 다양한 업무를 하고 있어 한마디로 회계사라는 직업을 정의하기는 쉽지 않다. 내 나름대로 정의해 보자면, 회계사는 '숫자라는 언어를 해석하고 소통하는 사람' 또는 '기업의 의사'다.

지구상에는 다양한 소통 수단들이 존재하는데, 회계사는 유독 숫자라는 소통 수단에 전문성을 보이는 직업이다. 모든 기업들은 일정 기간 동안의 경영 성과나 일정 시점의 재무 상태를 재무제표라는 형태로 산출하고 회계사들은 이 재무제표를 해석, 분석하고 진단한다. 의사가 환자의 심장 소리나 혈액을 해석, 분석해 환자의 상태를 진단하듯이 회계사는 회사의 재무제표를 보고 회사의 과거 병력이나 현재 상태를 진단하고 미래를 예측한다. 이 때문에 좀 거창하지만 '기업 성장의 파트너' 또는 '자본주의의 파수꾼'이라고 정의하기도 한다.

그러면 회계사는 어떤 일을 하는 직업일까? 과거 회계사의 업무는 크게 회계감사와 세무로 구획되었다. 그러다 1990년대 후반 IMF 사태와 더불어 회계사의 업무 영역이 크게 확대되었다. IMF로 인해 우리나라 금융시장의 개방 폭이 넓어지면서 외국인 투자자들이 몰려들었고 이들이 회계법인에 다양한 업무를 요구하였다. 재무자문과 컨설팅 업무가 이때쯤 본격화되었다. 현재 대부분의 대형 회계 법인은 회계감사, 세무, 재무자문, 컨설팅 등 4개 업무 분야가 있다.

그중에서도 현재 내가 맡고 있는 재무자문 업무에 대해 조금 소개해 보겠다.

회계법인마다 재무자문 업무를 부르는 이름은 다소 차이가 있으나 수행하는 업무는 대동소이하다. 또 1990년대 말에서 2000년대 초에 설립된 점도 유사하다. 재무자문본부에서 수행하는 업무는 아래와 같다.

• **인수·합병(M&A, Merger & Acquisition)자문** 시장에서 물건을 사고파는 것과 같이 회사나 사업부도 거래 대상이 될 수 있는데, 기업 또는 사업부를 사고파는 것을 기업 인수·합병, 즉 M&A라고 한다. 기업은 직접 새로운 회사를 설립하여 성장을 꾀하기도 하지만, 전략적 판단에 따라 활발한 사업을 하고 있는 기존의 기업 또는 사업부를 사들이거나 팔기도 한다. 이때 회계사는 거래의 전 과정에 걸쳐 자문을 제공하는데, 거래를 주선하거나 매수자를 위해 적당한 물건을 찾아 주기도 하고 매물에 대해 적당한 매수자를 찾아 주기도 한다. 그뿐 아니라 거래 성사를 위해 협상을 지원하기도 한다. 이런 M&A 자문은 회계법인 고유의 업무는 아니며 글로벌 투자은행(IB, Investment Bank), 증권회사 및 소규모 M&A컨설팅사 등과 경쟁을 하고 있다. 다만, 회계법인은 회계 및 세무 분야의 전문 지식을 보유한 조직으로서 차별화된 통합 서비스를 제공할 수 있다는 장점이 있다.

• **실사(Due Diligence)** 인수자를 대신해서 M&A 대상(회사 또는 사업부)에 대해 수행하는 재무, 세무실사 업무를 말한다. 이는 마치 소비자가 주택을 고를 때 위치, 주변 환경, 주택의 디자인과 구조, 각 설비의 정상 작동 여부, 월 관리비 수준, 수리가 필요한 부분의 존재 여부 및 건설회사의 명성까지 면밀히 검토하는 것과 마찬가지로 기업을 인수하는 과정에서도 매매 대상을 면밀히 실사하는 것이다. 다만, 매매 대상이 주택이 아니라 기업이므로 회사의 재무 상태, 수익성,

경쟁자, 주요 고객, 현금흐름 분석, 기타 우발부채 등의 존재 여부를 실사한다.

• **기업가치평가**(V&BM, Valuation&Business Modeling) 기업 인수·합병 시 적정한 거래가격을 산정하는 업무이다. 기업가치평가 결과는 결국 거래 당사자의 현금흐름을 수반하게 되고 M&A 성패에 중요한 역할을 하므로 M&A 전 과정을 통틀어 매우 중요한 업무이다. 기업의 가치를 평가하는 방법에는 크게 자산(원가)접근법과 시장접근법, 수익접근법 등이 있는데, 이는 마치 건물을 평가할 때 건설 당시에 소요된 비용으로 평가하거나(원가접근법), 그 주변에 있는 유사한 건물의 거래가격으로 평가하거나(시장접근법), 그 건물로부터 창출되는 임대료 규모로 평가하는 것(수익접근법)과 마찬가지이다. 최근 기업가치평가는 M&A 시에만 사용되는 것은 아니며 국제회계기준(IFRS)에 따른 재무제표 작성 시에도 기업가치평가 또는 무형자산가치평가가 이루어진다. 그 외에 경영자의 의사 결정을 지원하기 위한 다양한 엑셀 모델링 서비스 업무도 제공하고 있다.

• **구조조정**(CR, Corporate Restructuring)**자문** 기업이 한계 상황에 직면하여 기업회생 절차를 밟아야 할 지경에 이른 경우 기업회생을 위해 다양한 재무자문 서비스를 제공하는 것이다. 또 정상 기업이라도 기업의 소유 구조를 변경하거나 효율성을 제고하기 위한 구조조정 관련 자문도 제공한다.

이 외에도 재무자문본부에서는 부동산 개발, 부동산 매매 등의 자문을 제공하는 부동산팀, 기업 인수·합병 후 원활한 통합을 자문하는 인수후통합자문팀 등이 독립적으로 존재하며 다양한 업무들을 하고 있다.

무역 1조 달러 시대의
국제통상전문가

| 유기석 |

1989년 서울대 경영학과를 졸업하고 1991년 서울대 대학원 경영학과를 졸업했다. 1988년 한국 공인회계사 시험에, 2006년 미국 공인회계사 시험에 합격하였고 2010년 원산지관리사 시험에 합격하였다. 회계감사, 공기업 및 준정부기관 경영평가위원, 서울대 경영대학 강사, 지식경제부 수입규제대책반, 지식경제부 WTO DDA 반덤핑대책반, FTA무역구제 분야 자문위원 등 국제통상 분야 전문가로 활동해 오고 있다. 현재 KPMG삼정회계법인 전무이사로 있다.

예나 지금이나 공인회계사 시험에 합격한 사람들은 주로 회계법인에 입사하여 회계사 업무의 근간인 회계감사를 수행하는 경우가 많다. 나 역시 예외는 아니어서, 경영학과를 졸업하기 전 공인회계사 시험에 합격하고 대학원을 다니던 중 파트타임으로 회계법인에서 일했는데, 그때 우연히 접한 반덤핑 업무가 20여 년이 지난 지금까지 나로 하여금 반덤핑과 FTA라는 국제통상 분야의 한길을 걷게 해 준 시발점이 되었다.

사회가 빠르게 고도화, 전문화되면서 회계사도 단순히 회계 지식만으로 전문성을 내세울 수 있는 시대는 지난 지 이미 오래다. 회계사는 말 그대로 하나의 자격증일 뿐 고유 업무인 회계감사 외에도 세무, 컨설팅, IT 업무 등 회계사로서 개발해야 하는 일이 무궁무진하다. 그 가운데서도 회계사가 하는 국제통상 업무는 그것이 기업과 나라에 미치는 영향을 생각할 때 다른 어떤 분야보다 보람과 책임을 느끼게 하고, 또 그만큼 가슴이 뛰며 열정을 고취시키는 일이다.

FTA 시대의 듬직한 동반자, 회계사

KPMG삼정회계법인은 나를 필두로 회사를 창립한 멤버 모두 1990년대 초부터 반덤핑 업무를 연이어 성공적으로 수행하면서 2013년 현재까지 국내 최고의 반덤핑 전문가 조직이라는 명성을 가지고 있다. 또 KPMG삼정회계법인은 2008년에 큰 도약을 하게 되는데, 2011년 한-EU FTA 발효, 2012년 한-미 FTA 발효 등 바야흐르 FTA 시대를 맞아 국내 기업들에게 도움이 되도록 'FTA 원산지관리시스템 구축'이라는 블루오션을 국내 최초로 개척한 것이다. 현재 국내 주요 대기업들이 우리가 독자적으로 개발한 FTA 원산지관리시스템을 통하여 관세 절감 효과를 얻고 있다.

FTA와 반덤핑 업무. 언뜻 서로 간극이 있어 보이는 이 두 가지 일을 수행하고 있는 국제통상전문가의 첫 번째 목표는 단순한 수익 창출이 아니라 국가경제와 국내 기업의 발전과 성장에 기여하는 것이다. FTA와 반덤핑 업무는 둘 다 궁극적으로 기업과 국가경제에 핵심적인 가치를 제공해 왔으며, 수출과 전후방 산업에 미치는 영향 등을 고려했을 때 그 중요성이 실로 크다. 따라서 국제통상 분야에서 일하는 회계사는 반덤핑 피소 및 제소에 관한 자문과 국내 기업들이 FTA에 잘 대응할 수 있도록 돕는 자문 업무를 통해 수출에 일조하고, 나아가 한국이 하루라도 빨리 실질적인 선진국 대열에 합류하도록 하는 '멋진 동반자이자 전문가'라고 할 수 있다.

국제통상 업무에 첫발을 내딛다

1993년, 대학원을 졸업한 후 나는 동료와 선배의 소개로 삼정회계법인(지금의 KPMG삼정회계법인)에 첫발을 딛었다. 사실 그전에 S회계법인에서 근무하고 있었기에 주위에서는 왜 처우 좋고 안정적인 S회계법인을 그만두고 소규모의 삼정회계법인으로 가느냐며 우려했다. 그러나 나는 현재의 외형보다는 미래의 전망을 보았고 지금까지도 그 판단이 옳았다고 생각한다. 당시 삼정회계법인에는 대학원 조교 시절 선후배들을 포함하여 지인들이 많이 있었고, 그들이 성공이 보장된 안정된 길과 직장을 마다하고 창업에 뛰어들어 열심히 일하는 모습을 보면서 나 또한 이곳에서 꿈과 희망을 펼칠 수 있겠다는 확신이 들었다.

입사 후 배정받은 첫 업무는 포스코의 판재류 반덤핑 조사에 대한 실사 지원 업무였다. 반덤핑 업무가 뭔지도 잘 모르는 상태에서 업무를 배정받다 보니 처음에는 선배들이 시키는 대로 하는 수밖에 없었다. 내가 수행한 업무가 관세환급 관련 실사 준비였다는 사실도 추후에 알았다. 일찍이 S회계법인에서 반덤핑 업무에 스태프로 참여해 본 적이 있긴 했지만 맛보기였을 뿐. 코끼리를 본 적이 없는 장님이 코끼리를 만지다 보니 이게 코인지 다리인지도 모르는 채로 업무를 처리했던 그야말로 초보 시절이었다.

그 후 선배를 따라 유니온스틸의 스탠다드 파이프(Standard Pipe)

반덤핑 조사 대응 및 실사 준비 업무를 수행하면서 어렴풋이 반덤핑이 무엇인지를 알게 되었다. 덤핑이란 외국에 수출하는 제품 가격이 국내 가격보다 더 저렴하거나 생산 원가보다 밑도는 가격으로 해외에 수출하는 것을 의미한다. 세계 각국이 외국 기업의 덤핑 수출로 야기되는 국내 산업의 피해를 막기 위해 덤핑 방지 관세를 부과하는 등 다양한 반덤핑 조치를 취하고 있으며, 수출 중심의 우리나라가 외국에서 많은 반덤핑 규제를 받고 있다는 사실도 그 무렵 알게 되었다.

유니온스틸은 스탠다드 파이프의 반덤핑 케이스 외에도 판재류 반덤핑 케이스까지 미국으로부터 조사를 받는 상황이었다. 미국 반덤핑 케이스의 대응 강도는 다른 나라의 그것과는 비교가 되지 않는다. 미국 케이스를 경험하기 전에는 반덤핑 업무의 진수를 논하지 말라는 말이 있을 정도다. 미국 반덤핑 제도에 대해서 잘 몰랐기 때문에 미국 변호사들로부터 자문을 받았는데, 그들이 서울의 고급 호텔에 장기 투숙하면서 자문을 하다 보니 거기에 드는 자문료가 어마어마하였다. 그들과 팀을 이루어 업무를 수행하면서 우리는 그들의 노하우를 빠르게 습득하였고, 이후에는 주요 이슈들만 그들과 협의하고 웬만한 이슈들은 삼정회계법인 단독으로 해결하였다.

이후 나는 유니온스틸을 계속 담당하게 되었고 후배 스태프도 배정받아 다양한 케이스를 진행하면서 미국 연례재심에서 연속 0.5퍼센트 미만의 반덤핑 관세율을 부과받는 좋은 성적을 거두었다. 그런 과정을 통해 나는 유니온스틸의 임직원으로부터 큰 인정을 받아 한 식구처럼 지내게 되었고, 유니온스틸의 회계감사 업무도 KPMG삼정회계법인이 수임하게 되었다.

독사 같은 베테랑 조사관과의 한판승

가장 인상 깊고 기억에 남는 일 중 하나는 1997년 현대제철(구 인천제철)의 덤핑 및 상계관세 업무이다. IMF 사태로 인하여 한국 기업들이 수출 위주 전략을 통해 위기를 탈출하고자 해외로 수출 물량을 대량으로 쏟아부을 때였다. 그러다 보니 한국 기업을 상대로 한 반덤핑 제소가 많았고, 그중 하나가 현대제철의 H-BEAM 케이스였다. 나는 현대제철의 수임자로서 프로젝트를 주도하며 두세 명의 스태프와 함께 반덤핑에 대응하였다.

그 당시 미국 상무성의 반덤핑 조사관은 깐깐하기로 소문난 베테랑이었다. 반덤핑 답변서에 대한 추가 질문서를 받아 보고는 우리 모두 질문의 방대함과 깊이에 혀를 내둘렀다. 괜히 베테랑이라는 수식어가 붙는 것이 아니었다.

드디어 현장실사가 시작되었다. 첫날 오전부터 긴장감이 팽팽하게 돌았다. KPMG삼정회계법인에서도 선배 파트너가 함께 참가하여 실사에 총력을 기울였다. 문제는 점심시간에 터졌다. 식사 도중에 그 베테랑 조사관이 뜨거운 국자를 들다가 손가락을 덴 것이다. 유난히 엄살을 부리는 것 같았다. 그날 오후 그는 아예 책상 위에 그릇을 갖다 놓고 찬물에 손가락을 담근 채 실사를 진행하였다. 그 명성을 익히 알고 있는 조사관인 데다가 분위기까지 이렇게 흘러가니 죽을 맛이었다. 설명하는 내내 사사건건 시비였으며 요구하는 자료도 엄청나게 많았다. 회사가 제출한 자료는 덮어 놓고 의심을 하고 원본 서류를 보겠다며 회사의 문서 보관 창고까지 가더니만, 자기보다 다른 사람이 먼저 들어가면 안 된다고 으름장을 놓으면서 원본 서류를 뒤졌다. 살다 살다 이런 조사관은 정말 처음이었다.

원가실사 중 회사의 원가구조를 설명할 때였다. 나는 실사 전에 미국 변호사와 선배 파트너에게 이에 대해 설명해 주었는데, 이들이 미국 조사관 앞에서 설명하는 도중에 날카로운 질문을 받고 해명을 못하는 상황이 벌어졌다. 미국 상무성의 조사관들과 현대제철의 고위 임원, 변호사 등 관계자들의 얼굴이 딱딱하게 굳기 시작했다. 강당 같은 큰 회의실 가득 팽팽한 긴장감이 흘렀고 급기야는 분위기가 썰렁해졌는데, 내가 선배 파트너 옆에서 작은 목소리로 답변을 거드는 광경을 본 미국 상무성의 조사관이 "당신이 답변하시오!" 라고 하는 것이었다.

더 물러날 자리도 없었고 '죽기 아니면 까무러치기다.' 하는 심정으로 실사실에 있던 화이트보드 앞에 섰다. 내가 파악하고 있던 내용을 화이트보드에 그려 가며 설명을 하였고 중간중간 독사 같은 그 조사관의 질문에 답변까지 하였다. 화이트보드에 그린 설명 자료와 회사의 회계장부를 연결시켜 가며 자세하게 설명해 주니 미국 조사관이 회사의 원가계산구조를 이해하는 듯했다.

혼신의 힘을 다한 답변의 시간이 일사천리로 지나가고, 당황하여 인사도 제대로 못하고 얼른 자리로 돌아오려는데 그 순간 그 독사 같은 조사관이 고개를 들더니 갑자기 박수를 쳐 주는 것이 아닌가! 이어서 미국 변호사, 회사 임직원, 삼정의 스태프들 모두가 뜨거운 박수로서 나의 데뷔 무대를 축하해 주었다. 미국 상무성의 다른 조사관들까지도 박수를 치기에 이게 꿈인가 생시인가 싶었다. 만루 홈런을 치고 나서 덕 아웃에 들어간 홈런타자가 다시 나와 모자를 벗어 흔드는 세리머니를 할 때가 딱 이런 기분일까.

그 이후로 처음보다는 상당히 누그러진 분위기에서 실사를 받았으며 별 이슈 없이 잘 방어를 하였다. 마지막 날, 실사를 끝내며 그 미국 조사관이 많은 실사를 다녀 보았지만 이번 팀과 같이 잘 대응하는 팀은 처음 보았다며 KPMG삼정회계법인과 현대제철을 칭찬해 주었다. 우리도 여기에 화답하여 당신같이 타이트하게 조사하는 사람은 처음 보았다며 추켜세워 주었다.

덤핑 방지 관세율 '0'이라는 만루 홈런

세상에 수월한 업무가 어디 있겠으며 가치 없는 일이 어디 있겠는가마는 국제통상 업무는 고도의 전문성을 바탕으로 업무 절차와 진행 방안에 책임감을 가져야 하는 일이다.

나에게 국제통상 업무는 과거 선례가 없어서 참고할 만한 사례도 없는 데다 일정이 확정된 상태에서 덤핑 업무와 회사 내부 시스템을 파악해야 하고 워싱턴 D.C.의 변호사들과 이슈에 대한 의견 교환 등을 동시다발로 수행해야만 하는 일이었다. 몸이 열 개라도 모자랄 지경이었다. 밤새는 일은 밥 먹는 일과 같았으며 주말과 공휴일의 휴무는 꿈도 꿀 수 없었다. 동료 회계사 중에는 과로와 스트레스로 고열이 나서 입원을 했는데 병원에 있는 것이 불편하다며 하루 만에 퇴원해 집에서 휴식을 취한 후 다시 출근해서 업무를 마무리하는 프로도 있었고, 미국 지사 실사 수검을 하러 간 LA 출장 중에 전 세계의 뉴스를 뜨겁게 장식했던 LA 폭동 사태를 겪고 어렵사리 생환을 한 이도 있었다. 나 또한 김밥과 컵라면으로 끼니를 해결하면서 야근과 철야는 물론 주말과 공휴일도 반납한 채 고군분투를 하며 통상자문 업무를 수행했다.

:: 필자에게 국제통상 업무는 그 어떤 일보다 가슴 뛰고 보람과 책임을 느끼는 일이라고 한다.

이런 과정을 거치면서 KPMG삼정회계법인이 맡아서 진행한 덤핑 업무를 통계 내어 보면, 15~17퍼센트에서 시작한 관세율을 곧바로 1퍼센트대로 내린 다음 3~5차례에 걸쳐 다시 0퍼센트로 끌어내렸고, 10년간 평균 세율이 1퍼센트를 넘지 않는 최상의 결과를 도출해 냈다. 누구도 예상하거나 상상하지 못한 '기적의 성과'였다. 반면 일본, 중국 등 주변의 경쟁국들에는 일시적으로 30퍼센트를 초과하는 관세율이 부과되었고, 이는 곧 우리나라의 획기적인 수출 증대로 이어져 불과 몇 개월 만에 회사의 재고가 바닥이 나는 기현상을 불러오기도 했다. 금액으로 환산하면 수천억 원이 넘는 엄청난 매출액이었다.

그 외에도 개인적으로 보람 있었던 일은 고객사의 덤핑 업무 책임자가 인사고과 평가가 좋지 못해서 퇴사가 예정된 상황이었는데, 반덤핑 관세율 '0퍼센트' 달성에 의거한 수출 증대 덕분에 바로 임원으로 승진하는 인생역전의 전기를 마련해 준 일이었다. 그 당시 반덤핑 제소를

당한 제품은 수출 금액이 그다지 크지 않아서 대다수 수출 기업들은 반덤핑 제소에 대응할 경우 비용 대비 효과가 작다고 생각해 대응을 포기했다. 그러나 이 고객사만은 비록 현재 수출 금액은 작아도 향후 성장 잠재력이 매우 큰 시장이며 많은 수출 기업들이 이 시장을 포기했으니 한 개 회사라도 이 시장을 뚫어 놓아야 한다고 판단하였다. 그리고 1년이 넘는 시간 동안 인력과 자금을 투자해 가며 적극 대응하였다. 그때 마침 IMF가 터진 것이다. 다른 수출 기업들은 고율의 반덤핑 관세로 인해 수출에 어려움을 겪었지만, 이 회사만은 낮은 반덤핑 관세 덕에 홀로 승승장구하여 IMF 이전보다도 더 크게 성장하는 역전 드라마를 이루어 냈다. 반덤핑 대응을 담당했던 그는 임원으로 전격 승진하였다. 그가 내 손을 붙잡고 진심으로 고맙다고 말하던 그때가 지금도 생생하다.

FTA 컨설팅, 새로운 수익의 샘

지식경제부 무역위원회 조사에 따르면, 지난 1995년부터 2011년 6월까지 16년 6개월 동안 우리나라가 반덤핑으로 제소된 건수는 284건으로 중국(853건)에 이어 세계 2위이다. 이를 역으로 생각하면 우리나라는 2011년 수출입 총액이 1조 달러를 넘어설 정도로 국제통상이 활발한 나라이며, 그만큼 많은 나라의 견제를 받고 있음을 의미한다. 특히 경제위기나 불황이 나타나면 각국은 반덤핑 관세 등을 통해 보호주의를 강화한다.

그러나 이러한 보호무역의 흐름과는 별개로 최근 FTA가 전 세계적으로 진행되면서 국가 간 관세 장벽은 사라지고 세계는 하나의 시장이 되어 더욱더 경쟁하는 시대로 들어섰다. EU와 미국의 적극적인 FTA 추진 정책으로 인하여 FTA 발효국과의 교역 비중이 점차 높아지고 있는 상황에서 우리나라도 2004년 한-칠레 FTA를 시작으로 한-EU FTA, 한-미 FTA 등 동시다발적 FTA를 통해 해외 교역 경쟁력을 갖추기 위한 주춧돌을 놓고 있다. 2013년 현재 우리나라는 거대 선진경제권인 미국 및 EU 등 주요 국가와의 FTA가 발효 중이며, 지난 2012년 6월에는 한-콜롬비아 FTA를 타결했고 캐나다, 멕시코, 호주 등과도 FTA 협상을 진행하고 있다.

이렇듯 FTA는 무역에 있어 필수 요소가 되었다. 하지만 FTA가 체결되었다고 해서 체약 당사국의 기업들이 모두 그 혜택을 바로 누릴 수 있는 것은 아니다. FTA는 다양한 업종의 다양한 제품을 협정 내용에 따라, 그리고 HS code라는 국제통일상품분류체계에 따라 설정한 '원산지결정기준'에 의해 원산지를 판정한 후 역내 원산지 판정을 받은 품목에 한해서만 관세 혜택을 부여한다. 그런데 원산지결정기준에는 부가가치기준, 세번변경기준, 가공공정기준 등 다양하고 복잡한 기준들이 있어서 그 적용이 결코 쉽지 않다.

회계사는 고유의 전문성을 발휘하여 원산지결정기준과 관련된 회계 분석, 원산지 사후 검증, 구매전략 수립, 판매전략 수립, 글로벌 정책 수립 등의 다양한 업무를 수행한다. 사후 검증은 우리나라 세관이나 해외 세관이 시행하는 기업의 원산지 증명서의 적정성에 대한 검증 절차인데, 일반적으로 요구 사항이 많고 답변 기일이 짧기 때문에 회계사와 같은 전문가의 도움 없이 대응하기란 쉽지 않다. 또 원산지결정기준 충족을 위한 구매전략의 수립, FTA 체약국에서의 생산 및 판매 정책,

:: 바야흐로 FTA 시대, 이제 회계사는 고도의 전문성을 갖추고 국제통상 업무 영역을 개발해야 한다.

관세 SCM을 통한 글로벌 최적화 방안 수립 등 회계사가 수행하는 업무 영역은 매우 다양하다.

　모 컨설팅 회사의 인터뷰에 따르면, 2011년 미국 회계법인의 경우 FTA와 관련한 관세 서비스 매출이 이미 전체 매출의 10퍼센트를 넘어서고 있으며, 한-미 FTA가 시행되면 글로벌 네트워크, 회계 시스템 구축 능력, IT 분석 능력 등을 갖춘 현지 대형 회계법인들이 큰 몫을 담당할 것으로 내다봤다. FTA 등 세계적으로 급변하고 있는 국제통상 환경은 회계사로서 기업가치 증대 모색과 발전을 위해 뛰어들 수 있는 신천지 비즈니스 분야로서 캐면 캘수록 금광이라는 게 나의 생각이다.

　KPMG삼정회계법인은 2007년 회계사, IT 전문가, 관세전문가로 구성된 FTA 컨설팅 서비스 그룹을 출범시키고 이에 대한 준비를 시작하였으며, 국내에서 포괄적인 FTA 컨설팅 서비스를 필요로 하는 고객사의 요구를 충족시켜 왔다. 나아가 지난 2011년부터는 국내 고유의 FTA

컨설팅 서비스를 글로벌화하여 해외 기업 및 현지 법인에도 제공하기 시작하였으며, 향후에 우리의 FTA 컨설팅이 보다 광범위하게 뿌리내릴 수 있도록 적극적으로 해외시장 진출을 모색하고 있다.

나의 성공보다 값진 '우리'의 성공

| 서윤경 |

1986년 미국 UCLA 경제경영학과를 졸업하고 1988년 미국 공인회계사 자격을 취득했다. 1986년 로스앤젤레스에 위치한 KPMG에서 근무를 시작했고 1992년 KPMG 서울 지사 파견 근무를 하였다. 그 후 김앤장법률사무소를 거쳐 현재 언스트앤영한영회계법인 전무이사로 재직하고 있다.

회계사 자격증도 없이 회계법인에 입사하다

"왜 경제학을 공부한 사람이 회계법인에서 일할 생각을 하죠?"

나를 인터뷰한 면접관 가운데 중국계 미국인 여자 파트너가 한 분 있었는데 상당히 공격적이었다. 모든 질문의 시작은 '왜'였다. 게다가 기를 꺾으려는 의도였을까, 내가 대답을 하기도 전에 자꾸 한마디씩 덧붙였다. "나는 회계학 전공 수업이 없는 대학에서 학교를 마치고 회계법인에 입사를 지원한 사람을 기본적으로 신뢰하지 않거든요."라는 등.

질 수 없었다.

"그것이 장애가 될 거라고 생각한 적이 없습니다."

이어서 한마디 더 반박했다.

"인생에서 고작 4년, 그것도 채 2년이 안 되는 시간 동안 전공과목을 더 공부했다고 해서 나보다 더 우수한 회계사가 되는 것은 아니라고 생각합니다."

나는 7명 중 6명의 면접관에게서 합격 판정을 받았다. 공격적으로 나를 몰아세운 그 중국계 미국인 면접관만 빼고.

미국 회계법인의 입사 인터뷰(in-house interview)는 보통 오전 9시부터 오후 4시까지 이어지는 긴 일정이다. 인터뷰에 초청받았다는 것은 성적과 그간의 생활 태도 점수 등 이른바 기본 스펙은 인정을 받았다는 의미이며, 인터뷰를 통해 그들이 알고자 하는 것은 지원자의 태도 및 대화 방법, 순발력이나 재치, 성격 등이다. 정해진 일정표에 따라 7명의 면접관과 인터뷰가 끝나면 담당 파트너와의 최종 인터뷰 후에 합격 여부를 통보받는다.

1986년 9월, 나는 8대 회계법인(지금은 4대 회계법인) 중 하나였던 KPMG의 직원과 교내에서 1차 인터뷰를 했고, 이후 그 회사에서 2차 인터뷰를 했다. 그리고 당당히 합격하여 그해 12월 회계법인 근무를 시작했다.

노력에 대한 대가만이 진실이다

돌아보면 내게 회계사라는 직업은 스스로의 선택이었다기보다 우연한 선택받음이었다. 어린 시절 내 꿈은 변호사, 외교관, 뉴스 앵커 등등 화려하고 추상적이며 사회적으로 이름을 남길 수 있는 것들이었다. 그중에 회계사는 없었다.

1975년 가을, 열한 살 소녀였던 나는 세 자매와 어머니와 함께 미국으로 이민을 갔다. 그곳에서 나는 작은 것 하나에도 많은 것을 생각했고 끊임없이 고민하고 궁리했으며 결과에 승복하는 법을 배웠다.

대학교 입학 첫날 캠퍼스에 처음 들어섰을 때를 기억한다. 가슴이 터질 듯 행복했고 기대감에 더없이 들떠 있었다.

'이곳에서 나는 어떤 승자로 다시 태어날까?'

그러나 대학 생활은 생각보다 쉽지 않았고 지금 내게 무엇이 최선인지 알기에는 너무 어렸다. 그래서 내린 결정이 '시간을 낭비하지 말자'. 노력을 두 배 이상 필요로 하는 영어는 일단 기본 과목만 들었다. 자신 있었던 수학은 4년 내내 들었고 학점도 잘 받았다. 경제경영학 강의는 항상 즐거웠고 결과도 나의 노력을 배신하지 않았다. 내가 잘할 수 없는 일, 시간이 아깝다고 생각되는 일은 과감히 줄이고 최대한 시간을 짜임새 있게 쓰기 위해 노력했다. 그러면서 자연스럽게 바쁘게 사는 가운데 시간을 효율적으로 쓰는 법과 스트레스를 다스리는 법을 몸에 익혔다.

그때 나의 유일한 목표는 4년 만에 대학을 졸업하고 사회생활을 시작하는 것이었다. 그래서 전공을 내가 자신 있었던 수학과 경제경영학으로 결정했다. 지금이야 지나간 이 시간들에 대해 웃으며 여유롭게 이야기할 수 있지만, 당시에는 4년 안에 두 전공을 이수한다는 것이 결코 만만치 않은 일이었다. 목표를 달성하기 위해서는 시간과 노력, 그리고 희생이 필요했다. 그 어디에도 공짜는 없었다. 나는 하루 24시간을 삼등분했다. 8시간을 강의와 아르바이트에, 그다음 8시간을 숙제와 공부에 쓰고 나머지 8시간은 몸이 허락하는 한계 내에서 적당히 볼일을 보거나 놀거나 잤다. 모순처럼 들리겠지만, 나에게 대학 생활은 아주 힘들고도 더없이 즐거운 시간이었다.

1986년 6월, 정확히 4년 만에 졸업을 했다. 하지만 그때까지도 나는 내가 가고 싶은 길이 무엇인지 잘 몰랐다. 조금 막연한 마음으로 교내 취업지원센터에서 내가 공부한 것과 가장 관련이 큰 회사에 인터뷰를 신청했고, 그렇게 회계사의 길로 들어서게 되었다.

회계법인이라는 밀림에서 살아남기

처음 사회생활을 시작하며 나는 회계법인의 웅장함과 우아함에 매료됐다. 내가 그곳에 속한 한 사람이라는 사실에 자부심을 느꼈다. 하지만 회계학을 전공하지 않은 내게 회계 업무는 시작부터 많이 힘겨웠다. 하루에도 몇 번씩 도서실에 올라가 자료를 찾고 혼자서 일을 터득하려 애썼다. 주어진 마감 시간을 맞추기 위해 점심을 거르기 일쑤였고 퇴근 시간 따위는 아예 잊고 일했다. 일터에 선배들은 많았지만 자기시간을 들여 가르침을 주는 선생님은 없었다. 그곳은 돈을 받고 일하는 직장이지 학교가 아니었다. 모든 것을 스스로 알아서 해야 한다는 것이 한편으로는 서럽고 힘들었지만 그 덕에 빠른 속도로 일을 배울 수 있었다. 그리고 어느덧 나는 공인회계사가 되었다.

어떤 날은 도저히 도서실 자료를 볼 시간도, 법전을 찬찬히 읽어 볼 짬도 허락되지 않을 만큼 시간에 쫓기기도 했다. 이럴 때엔 현실적인 삶의 지혜(?)를 동원하는 수밖에 없다. 선배에게 리포트를 제출해야 하는 마감 시간은 오후 8시. 하지만 오후 6시에 말리부 데이트 약속이 잡혀 있다. 마감 시간보다 두 시간 앞서 일을 마쳐야 한다. 목표를 달성하기 위해 리서치 시간을 최소한으로 줄이고 과거 선배들이 수행한 케이스를 찾아 끼워 맞추는 방법을 택하기로 했다. 옳은 방법은 아니었지만, 리포트에는 문제가 없었다. 그리고 나는 해가 지기 전에 말리부 해안으로 향하는 즐거움을 누릴 수 있었다. 가끔은 이런 사소한 도전 정신이 마감에 대한 압박을 즐거운 과정으로 바꿔 놓곤 한다.

내가 회계법인에 입사할 당시에는 회계사 자격증이 입사 요건이 아니었다. 그래서 많은 이들이 입사 1~2년 후에 회계사 자격증을 땄다. 나 또한 그랬다. 지금과 달리 그때는 회계사 시험이 1년에 단 두 번 치러졌다. 5월과 11월에.

감사 파트와 달리 세무 파트는 법인세 및 소득세 신고 기간인 1월 중순부터 4월 15일까지 개인 시간이 전혀 보장되지 못했다. 그럼에도 불구하고 5월 시험에 도전해야 했고, 나에게 '꽃피는 봄'은 2년간 찾아오지 않았다. 별도로 휴가를 낼 수 없었기에 시험을 4번이나 치르는 수고 끝에 4과목을 차례로 합격해 회계사 자격증을 손에 넣었다. 돌아보면 무수한 업무 스트레스와 공부의 부담감을 이기고 회계사 시험에 합격할 수 있었던 것은, 그때는 청춘의 에너지가 있었기에 가능했던 것 같다.

모든 일에서 실수를 줄이고 평가 과정에서 살아남고 무슨 일이든 항상 고객들의 입장에서 생각해 보고 직장 선후배와 잘 어울리기 위해 노력한 것이 회사 생활 처음 3년 동안 나의 성공 비결이었다. 회계사는 법조인들처럼 규칙과 이론을 중시하면서도 의사나 예술가 못지않은 섬세함을 갖추어야 한다고 나는 생각한다. 세법과 이론을 적용하되 그 결과가 고객 입장에서 최선이 돼야만 설득력이 생기기 때문이다. 그러기 위해서는 항상 고객의 자리에 나를 놓고 생각할 수 있어야 한다. 고객의 입장에서 생각하고 이해한 후에 스스로 전달력 있는 상품을 만들어 내기까지는 오랜 시간이 필요하다.

또 회계법인이라는 거대한 조직에서 성공하기 위해서는 실력뿐 아니라 원활한 대인 관계가 중요하다. 면접관들이 인터뷰를 통해 알고자 하는 것은 신입 사원의 성격, 대인과의 소통 능력, 일에 대한 순발력 등이다. 그러기에 일을 잘하는 것도 중요하지만 사람들과 잘 어울리고 즐길 줄도 알아야 한다. 회계법인 초년생 시절, 나는 동기들과 함께 퇴근하여 A호텔의 해피 아우어(happy hour)를 자주 이용했다. 그렇게 두세 시간 동안 맛있는 음식을 먹으며 마음껏 떠들어 대면 스트레스가 말끔히 사라졌다. 아주 작은 만남일지라도 회사 선후배들과 자주 만나 대화를 나누다 보면 서로 더 친해지고 신뢰가 쌓인다. 내게 있어서 해피 아우어의 기억은 그야말로 '행복한 시간'들이다. 내 고민을 진지하게 들어준 동료들이 있어서 나 또한 고객들의 얘기에 진심으로 귀 기울일 수 있는 것인지도 모른다.

회계 서비스를 받는 고객의 입장이 되어 보다

나는 회계사의 여러 길 중에서도 세무전문가의 길을 선택했다. 감사인이 아닌 세무인이 되기로 결정하기까지는 그리 오랜 시간이 걸리지 않았다. 대학에서 수학을 공부해서인지 회계법인에 들어와서 처음 2년 동안 세법에 의거한 단순 산출세액을 계산해 내는 과정이 즐거웠고, 3~4년차 때에는 나만의 세금 절감 방안을 찾는 데 시간 가는 줄 모르고 몰두했다. 자주 바뀌는 세법이 흥미로웠고, 그에 따라 매번 새로운 각도에서 답을 찾아야 하는 모험이 좋았다.

회계법인 생활 5년을 꽉 밟아 갈 때쯤 나는 중요한 결정을 내렸다.

'서비스를 받는 고객 입장이 되어 보자. 그런 업무를 해 보자.'

나와 같은 회계사들이 제공하는 서비스의 고객 만족도를 알고 싶었다. 또 대형 회계법인에서는 접하기 어려운 부가세, 재산세, 원천징수세, 세금명세서 발행 업무를 직접 해 보고 완벽하게 파악하고 싶었다. 그래서 내가 선택한 곳이 당시 인기가 높았던 의료 서비스 관리 업체였다. 회사는 집에서 가까운 곳에 위치해 있었고 내 경력 대비 보수도 괜찮았다. 회사의 주된 상품은 의료보험 및 담당 의료진과의 일대일 연결 서비스였으며, 모든 의료 분야의 전문의들이 회사와 계약을 맺고 이 서비스를 이용하고 있었다. 회사는 캘리포니아 주를 포함해 4개 주에서 4개의 사업체를 운영하고 있었다. 그리고 나는 이 4개의 사업체와 관련된 법인세를 제외한 모든 세금신고관리 업무를 맡았다. 고객의 입장에서 어떤 서비스가 만족스럽고 어떤 서비스가 부족한지를 알게 된 알찬 시간이었다.

미국 회계사의 서울 적응기, 그리고 전문가로의 성장

회계법인에서 또 일반 회사에서 세무전문가로서의 한길을 걸으며 실력과 경험을 쌓은 나는 1992년 가을 한국으로 돌아왔다. 그리고 KPMG 서울 지사에서 회계사로서의 새로운 삶을 시작했다. 서울의 우아한 풍경과는 달리 한국의 회계법인은 아직 초라했다. 대학 졸업 후 내가 첫 직장을 회계법인으로 정한 이유는 단순했었다. 조직의 무게감,

:: 부서원들과 회의를 하는 필자(좌측 두 번째). 미국과는 사뭇 달라 낯설었던 한국 회계법인에서의 생활도 회계사로서 한길을 걸어오는 동안 자연스레 익숙해지고 이제는 어느덧 파트너의 자리에 올랐다.

웅장함, 그리고 명성에 이끌렸기 때문이다.

내가 처음으로 일을 시작한 미국의 회계법인은 시내 중심에 자리한 36층짜리 고층 빌딩이었고, 회사 내 가구는 고급스러운 붉은빛의 체리우드로 제작된 것이었다. 견고한 칸막이로 분리된 나만의 업무 공간도 넉넉했다. 화장실은 호텔급이었고 커피룸에는 신선한 원두커피가 상비돼 있었다. 감색 투피스 정장을 차려입고 빌딩 로비를 통과할 때에는 어깨가 으쓱해지기 마련이었다.

그런데 한국의 회계법인 분위기는 미국과 사뭇 달랐다. 오래된 빌딩에 낡은 화장실은 얼굴이 절로 찌푸려지기에 충분했다. 또 작은 종이컵에 인스턴트커피를 타 마시는 데 적응하기까지 꽤 시간이 걸렸다. 지금 생각하면 잔웃음이 나는 소소한 추억이지만, 미국에선 본 적이 없는 커피믹스와 물을 최적의 비율로 조합하기 위해 두던히 애를 썼었다.

업무가 힘들긴 미국이나 한국이나 매한가지였다. 그런 데다 100개

단어 중 99개가 한자로 쓰인 법전과 신문은 큰 부담이었다. 7년이라는 회계사 경력에 비해 내 한국어 실력은 너무나 초라했다. 옥편을 찾아가며 한문을 읽어 내는 나의 속도는 다른 회계사들에 비해 턱없이 느렸다. '궁하면 통한다.'고 했던가. 아니면 그저 우연히 찾아온 행운이었을까. 내가 서울 생활을 시작한 지 2년쯤 됐을 때 한글로 쓰인 법전이 발간됐다. 신문 역시 한글 전용으로 발간됐다. 그때의 기쁨이란 이루 말할 수가 없다.

한국 회계사로서 나의 전문 분야는 국제조세 및 개인소득세 부문이다. 나의 고객은 주로 개인이기 때문에 섬세함이 필요하다. 대부분의 고객들은 숫자에 민감하고 반응 속도가 빠르다. 일대일 개인 맞춤 서비스는 까다롭고 매시간 창의력을 요한다.

2000년 이전까지만 해도 한국의 개인소득세법은 미국에 비해 상대적으로 단순해서 세금 절감 계획을 고려할 수 있는 사례가 많지 않았다. 납세자의 대다수는 근로자들이었고 그들의 신고소득 대부분이 근로소득이었기에 소득세법상 적용 가능한 공제가 거의 정해져 있었다고 해도 과언이 아니었다. 하지만 한국의 소득세법은 매해 놀라울 정도로 개정되어 왔고, 이제는 같은 금액의 근로소득을 신고한다 하더라도 각 납세자의 공제 가능 비용에 따라 산출세액이 달라진다. 점차 세세해지고 있는 소득세법으로 인해 한국에서도 다양한 각도에서 개인에게 서비스를 제공할 수 있게 된 것이다. 그 과정을 하나하나 눈으로 확인하며 함께해 온 나는 스스로가 역사의 증거 같아서 때로 뿌듯하기도 하다.

국제조세 및 개인소득세 부문을 담당하는 입장에서 한마디 하자면, 세무전문가는 자그마한 차이도 놓쳐서는 안 된다. 최고의 서비스를 위해 내 자신이 고객 입장이 되어서 실현 가능한 모든 세법을 적용해 보고 납부세액을 줄임으로써 고객들을 만족시켜야 한다. 일 년 내내 들어오는 세무자문 요청, 목숨 걸고 지켜야 하는 3월 10일 연말정산서 신고, 5월 31일 종합소득신고서 마감, 6월 30일 해외금융자산 신고 등등 그렇게 20년 이상을 나는 세무전문가로서 고객 감동을 위해 최선을 다했다.

고객 돕기를 친구같이 하라

나는 지금 언스트앤영한영회계법인에서 휴먼캐피탈(Human Capital)부서를 책임지고 있다. 개인소득세 서비스 분야는 이제 법을 응용해 개인의 자산을 지켜 준다는 새로운 개념으로 다가가고 있다. 국내외 자산에 대한 상속 또는 증여 관련 자문, 외국인 파견 근무자 관련 세무자문, 비자 서비스, 4대 사회보험 감면 혜택, 내국인 해외 파견과 관련된 세무자문과 세금보전제도에 대한 자문 등이 우리 부서의 주요 업무이다.

나는 고객에게 이메일이나 안내문을 보낼 때 상대를 고객이 아닌 '친구'라 부른다. 나의 고객이 되어 오랜 세월 함께해 준 사람들은 고객이기 이전에 가까운 친구와 같다. 10년 이상 이어 온 사람들과 나 사이에는 서로에 대한 믿음과 가족만큼이나 가까운 사이가 될 수 있었던 사건, 사고, 그리고 추억이 있다.

회계사는 세법 알기를 게을리하면 안 되고 그것을 응용해 고객을 최대의 합법적인 수혜자로 만들어 주어야 한다. 날로 발전하고 있는 한국의 소득세법이 매해 나를 더욱 부지런하게 만들고 있다. 나는 전문가

:: 필자는 국세 공무원들을 대상으로 한국 소득세에 대해 영어로 강의를 하기도 한다.

는 실무를 손에서 놓아서는 안 된다고 믿는다. 실무 감각이 무뎌지기 때문이다. 완벽한 전문가는 없다. 그 자리를 떠나는 그 순간까지 배우고, 익히고, 적용하고, 감동하는 시간의 연속일 뿐.

때로는 전문가의 입장에서 한 걸음 뒤로 물러나 고객의 문제를 해결하는 여유를 가질 필요도 있다. 그러다 보면 고객에게 가장 최선의 조언이 뭔지 보일 때가 있다. 나의 주 업무가 개인소득과 세금에 관련된 일이다 보니, 결과에 따라서 고객 개인이 느끼는 부담의 정도가 매우 다르다. 그래서 나는 고객이 공개하는 정보와 서류에만 의존하지 않고 종종 '나라면 또 어떤 종류의 비용이 들었을까?' 하고 상상해 본다. 그런 다음 과세표준을 줄이기 위한 적용 가능 비용을 하나하나 나열해서 확인해 본다. 이렇게 하다 보면 생각지도 못했던 숨은 비용을 찾게 되고 그것은 자연히 고객의 소득세 절감으로 이어진다.

개인 고객이 미처 생각지 못한 것을 찾아내고 응용해서 합법적으로 세금을 줄이는 것. 그것이 바로 나와 우리 부서원들이 하는 일이다. 더 나아가 휴먼캐피탈 부서는 개인 고객이 필요로 하는 서비스를 원스톱으로 지원하고 있는데, 파견 근무자에게 발생할 수 있는 내국 세금 및 해외 세금 관련 자문, 파견국에서 필요한 비자 지원 서비스, 파견국에 대한 주요 사항 브리핑 등이 있다.

소득세법의 발전과 함께 개인소득 서비스 분야가 확대되면서 소득세법 전문가로서 해야 할 일도 많고, 새로이 만들어 낼 수 있는 상품도 다양해지고 있다. 또 우리의 전문 지식을 기다리고 있는 많은 고객들이 있고, 그 고객들이 세무전문가에게 요구하는 서비스도 점점 다양해지고 있다. 그렇기 때문에 앞으로 세무전문가들이 할 일은 너무도 많다.

나의 성공보다 값진 '우리'의 성공

꽤 오래 앞만 보고 달려왔지만 이제는 뒤돌아볼 수 있다. 앞으로 회계사로 살아갈 시간보다는 이미 회계사로 살아온 시간들이 더 많은 자리에 와 있기 때문일지도 모르겠다. 회계사로서 사회생활을 시작했던 처음 7년, 한국 땅을 밟기 전까지는 배울 것이 너무 많았다. 그때는 젊었고 혼자였다. 하지만 그 이후는 이 땅에서 기혼 여성 회계사로 살아남고 성공하기 위한 고군분투의 시간들이었다. 남성 중심 사회에서의 낡은 관념이나 여성에 대한 편견 같은 인식의 문제에서부터 주로 여성에게 부과된 살림, 육아 같은 실제적인 문제들까지.

요즈음 여성 전문가들이 주장하고 추구하는 'Balanced Life', 현재도 힘든 목표지만 그 당시는 거의 불가능했다. 둘 다 똑같이 잘할 수는

:: 한국에서 여성 회계사로 성공한다는 것은, 앞으로 같은 길을 걸어갈 '우리'의 성공이기도 하기에 선배로서 후배들을 잘 이끌어 주고 싶다고 필자는 말한다.

없었다. 그래서 내가 선택한 것은 '아이가 다섯 살 될 때까지만 가정을 먼저 생각하자.'였다. 덕분에 아이는 정서적으로 풍요롭게 성장했고 나는 승진에서 한 번 고배를 마셨다. 그럼에도 불구하고 내가 수많은 어려움을 딛고 성공할 수 있었던 것은 가족이라는 동반자가 있었기에 가능했다. Balanced Life란 우선순위를 정해 집중할 줄 아는 삶이다. 매 시간 무엇이 우선인지를 생각한 다음에 최선을 다하는 것이지, 무턱대고 열심히만 하는 것이 아니다.

　나와 같은 꿈을 펼치고자 하는 미래의 서윤경 회계사들에게 얘기해 주고 싶다. 아직 완전히 갖춰지지 않은 환경 속에서 얻는 성과는 더 보람된 것이라고. 내가 처음 한국에서 일을 시작할 때에 비하면 여성 직장인에 대한 인식이나 처우들이 많이 좋아졌지만 여전히 한국은 여성들이 일하기에 힘든 곳이다. 그렇다고 시작도 하기 전에 포기하거나 이제 막 시작했다가 겁먹고 포기하지는 말았으면 좋겠다. 당장은 힘들 수 있겠지만, 내가 처음 일을 시작했던 20년 전을 한번 상상해 보라. 그런 다음에 지금보다 훨씬 더 발전할 앞으로의 20년 후를 머릿속에 그려 보라. 분명 희망이 샘솟을 것이다.

그리고 자신이 무엇을 원하는지는 꾸준히, 끊임없이 찾아야 비로소 발견할 수 있다. 기회는 준비된 자에게 온다. 전문 회계사로서의 꿈을 꾸준히 키우며 도전해 보길 바란다.

은행의 모든 업무는
결국 회계로 통한다

| 김영석 |

1985년 연세대 상경대학 경영학과를 졸업하고 1987년 동 대학 경영학과 석사 과정을 수료했다. 1985년 공인회계사 시험에 합격했다. 1988년 장기신용은행에 입행했고 현재 KB금융지주 회계부장으로 근무하고 있다.

"아버지, 회계사 시험에 도전해 볼까요?"

군 복무 중 휴가를 나온 큰아들이 대뜸 물었다. 친구들 중에는 벌써 사법고시에 합격한 이도 있고 행정고시에 합격한 이도 있는데, 정작 자신은 이제 군 복무를 마치고 2학년에 복학해야 하니 생각이 많은가 보다. 군에 가기 전에는 공인회계사 공부를 안 하겠다고 하더니만 이제 와서는 다시 해야 할지를 묻는다.

나의 대답은 무조건 "YES!"

회계는 경영의 기본 언어다. 영어를 못하면 국제 업무에 어려움을 겪듯 회계를 모르고서는 회사 업무를 깊이 이해하거나 분석하기란 불가능하다.

문득 내가 회계사 시험을 준비했던 때가 생각난다. 대학에 들어가서 정신없이 1년을 보내고 뭔가 목표를 가지고 남은 대학 생활을 해야겠다는 생각에서 시작된 공인회계사와의 인연이 지금도 계속되고 있다. 공인회계사 자격을 취득한 지도 벌써 28년이 지났다. 그리고 이제는 내 아들에게 공인회계사 시험 준비를 권하고 있으니, 공인회계사는 내 인생과 떼려야 뗄 수 없는 운명과도 같다.

회계사가 은행에?

나는 대학 3학년 때 공인회계사 2차 시험에 합격한 후 방학 동안 회계법인에 근무하면서 실무를 익혔다. 회계법인에 근무하면서 기본적으로 일은 재미있었지만 뭔가 조금 부족하다는 느낌을 받았다. 피감사 회사 직원에게 자료를 요청한 후 그 자료가 올 때까지 기다려야만 하는 답답함, 그리고 내가 직접 자료를 작성하지 않은 채 남이 만든 회계 자료를 감사하는 데서 오는 뭔가 부족하다는 느낌….

그러는 사이에도 시간은 흘러 6개월 석사 장교로 군 복무를 마쳤다. 그리고 다시 회계법인으로 복귀할 준비를 하는데, 장기신용은행에서 석사 장교 제대 예정자에게 입사 지원서를 보내 주었다. 공인회계사 자격은 언제든지 활용할 수 있으니, 일반 회사에서 근무해 보는 것도 좋을 것 같았다. 더욱이 은행은 보수적인 내 성격과도 잘 맞을 것 같아서 장기신용은행 신입 사원으로의 이직을 결정하였다.(그 당시에는 회계법인에 근무하던 공인회계사가 은행에, 그것도 신입 사원으로 입사하는 것은 매우 드문 사례였다.)

은행에 입사해서 연수를 받고 현업에 배치되었다. 공인회계사와 일반 회사원은 여러 면에서 달랐다. 일단 공인회계사 때는 골드 신용카드가 발급됐었는데 은행원으로 신분이 바뀌니 일반 신용카드가 발급되었다. 이때 잠시 내가 올바른 결정을 한 것인가 의심이 솟구쳤다. 게다가 이직을 하려 할 때 주변의 많은 분들이 그냥 공인회계사를 하라고 충고했었다.

내가 처음 배치받은 곳은 신탁준비팀이었다. 다른 입행 동기들보다 업무 경험이 많아서 주어진 업무도 많았지만, 사실 업무 강도는 회계법인이 더 셌다. 회계법인에서 감사 업무를 하면서 전체적인 시각에서 일을 해 본 경험이 은행 실무를 수행하는 데 큰 도움이 되었다. 그런가 하면 회계법인에서는 회계사 각자가 독립적으로 제 일을 하고 그 책임을 졌지만, 은행에서는 철저한 조직 체계 속에서 상사의 지시에 따라 업무를 수행했기 때문에 그러한 분위기에 적응하기까지 많은 애로를 겪었다. 하지만 나는 곧 은행 문화에 익숙해졌고 은행 생활에 재미를 느끼기 시작했다.

은행 영업점에서의 산전수전

신탁부에 근무하다가 자금부로 이동하여 은행 재무회계와 세무회계 업무를 수행했다. 지금은 은행 결산 업무를 매달 하지만 그때는 반기 단위로 했다. 그 대신 전산화가 미비하여 많은 부분이 수작업을 통하여 이뤄졌으니 업무 강도는 지금과 비슷했던 것 같다. 특히 세무 업무는 압박감이 컸다. 은행이다 보니 세액 단위는 큰 반면 업무가 다양해서 새로운 케이스가 생길 때면 이것을 어떻게 처리해야 할지에 대해 논의의 여지가 많았다. 또 세무 업무라는 것이 보는 사람에 따라 시각이 다를 수 있고 그에 따른 결과도 다를 수 있어서 고민할 거리가 많았다. 이 경우 은행에서는 대부분 보수적으로 해석하여 처리했다. 그 관행은 지금도 마찬가지인 것 같다.

자금부에서 3년 정도 회계 업무만 했더니 다른 업무가 해 보고 싶어졌다. 그때 마침 금융실명제가 실시되어 지점에서 상속세 등 세제에 대한 관심이 높아지고 있었다. 나는 은행 영업점 근무를 신청하여 방배 지점 수신 담당 대리로 근무하게 되었다.

방배 지점에서 수신 담당으로 2년, 여신 담당으로 1년을 근무했는데, 이때가 은행 근무 기간 중 가장 재미나게 일했던 시기였다. 영업점은 직원도 몇 명 안 되고 업무를 끝내고 나면 머릿속이 개운했다. 회계나 세무 이슈로 고민할 필요도 없고 그저 열심히 고객 응대를 하면서 지점 실적을 향상시키면 되니 항상 머릿속이 복잡했던 나로서는 신선한 경험이었다.

다만, 문득문득 영업점에서 내가 은행에 기여하는 바가 얼마인지 돈으로 환산해 봤는데, 본점에서 회계나 세무 업무를 통해 은행에 기여하는 것에 훨씬 못 미치는 금액인 것은 사실이었다. 예를 들어 예금 1억을 어렵게 유치했다 하더라도 판관비 등의 부대비용을 차감하고 예금 마진이 1퍼센트라고 하면 겨우 100만 원의 영업이익을 창출하는 셈이었다. 반면에 내가 열심히 공부하고 연구하여 얻게 되는 세금 절세 효과는 그 금액의 10배 혹은 100배가 되는 경우도 있으니, 조직의 입장에서 보면 내가 지점에서 근무하는 것이 손해일 수도 있는 것이다. 그러나 내 개인적으로는 온갖 새로운 경험을 했던, 은행 생활 중 가장 잊지 못할 시간이었다.

잊지 못할 경험, 하나

부실대출을 회수하기 위해 담보로 잡고 있던 양모피를 직접 통관하여 이것들을 지점 회의실에 쌓아 놓고는 양모피를 직접 팔러 다닌 적이 있다. 양모피를 그대로 보세 창고에 놔두면 보관료가 많이 든다. 그래서 이를 통관하였고, 한 푼이라도 대출을 회수하기 위해 양모피를 재료로 하여 모피 제품을 만드는 회사들을 찾아다녔던 것이다. 이때 알게된 사실인데, 모피 산업은 날씨의 영향을 많이 받아서 겨울 날씨가 추워지면 매출이 급속하게 증가한다. 그래서 우리 지점 식구들은 날씨가 추워지기만을 기도했고, 기도가 통한 것인지 한동안 날씨가 추워져서 양모피를 모피 제조 회사에 팔아 상당 금액의 여신을 회수할 수 있었다.

잊지 못할 경험, 둘

우리 지점 근처에서 식당을 운영하는 아주머니에게 가계대출을 해주었다. 그런데 언제부터인지 가게가 문을 열지 않았다. 그와 동시에 대출은 연체가 되고 아주머니는 연락 두절이었다. 하는 수 없이 연대보증을 섰던 사람을 찾아가 변제를 부탁했는데 그도 상환을 거절했다. 당황스러웠다. 그렇다고 포기하랴. 그에게 간곡히 사정을 말해서 보증인의 거래처 어음 중 우량 어음에 대해 할인을 해 주고 할인된 금액의 일정 금액을 대출 변제에 사용케 하는 방식으로 대출 일부를 회수했다.

잊지 못할 경험, 셋

우리 지점은 2층으로 되어 있는데, 1층에서는 수신 업무를 하고 2층에서는 여신과 외환 업무를 하였다. 지점장실은 2층에 있었다. 물론 나는 수신 담당 대리로 1층에서 근무했다. 그러던 어느 날, 2층에서 갑

자기 "저 사람 잡아!" 하고 지점장이 외치는가 싶더니만 한 남자가 황급히 계단을 내려오고 있었다. 다행히 누군가 다치거나 하는 사고 없이 그 사람은 1층에 있던 청원 경찰에게 잡혀서 지점장실로 끌려갔다. 나중에 상황을 알아보니, 그는 은행에서 대출을 받은 뒤 갚을 길이 막막해지자 지점장과의 대화 내용을 몰래 녹음하여 이를 외부에 알리겠다고 협박을 했단다. 요즘 기술이 발전하다 보니, 개인과 은행 업무 관련 대화를 할 때는 그 내용이 언제든 녹음될 수 있기에 서로 각별한 주의가 필요하다.

회계사의 황금시대

그 후 나는 본점으로 복귀하여 종합수익관리 업무를 맡아 성과 평가를 위한 시스템 개발에 몰두했다. 이때 처음으로 외국 전산 패키지를 도입하게 되어 미국 출장도 가고 영어의 중요성도 다시 한 번 느꼈다. 그리고 나서 다시 1년 6개월을 삼성동 지점에서 수신 담당 대리로 근무하였다. 회계사로서 주로 고액 수신 고객을 대상으로, 요즘 말하는 프라이빗 뱅킹(PB) 업무를 수행했다. 고액 수신 고객은 재산세제인 상속, 증여, 양도소득세 등과 관련해 세무에 관심이 많고, 나는 공인회계사 자격을 갖고 있는 데다 은행에서 종합소득세 신고 업무를 대행하고 있었기 때문에 나에 대한 고객의 신뢰가 상당했다. 심지어 어떤 고객은 집에까지 찾아와 상담을 하거나 딸 중매까지도 부탁하였다.

그러다 1997년 말 외환위기가 터져 IMF 관리 아래 있게 되고, 이듬해에는 은행들도 우량 은행과 부실 은행으로 구분돼 사느냐 죽느냐 하는

:: 회계법인이건 은행이건 공인회계사에게는 많은 기회가 열려 있다.

기로에 서게 되었다. 그와 동시에 이를 판단하는 잣대로 은행의 재무 상태 등에 대한 실사 작업이 회계법인을 통해 이루어지고 회계가 중요 업무로 부각되면서 다시 본점으로 이동하게 되었다.

장기신용은행은 한영회계법인으로부터 재무실사를 받았는데, 이때 파견 나온 회계사 중에는 전에 나와 같은 회계법인에서 근무했던 회계사도 있어서 만감이 교차했다. 공인회계사 업계의 황금기였다. 공인회계사들의 판단 하나로 그 큰 은행을 한순간에 살리고 죽일 수 있었으니 말이다. 내가 딱 한 번 회계업계에서 은행으로 이직한 것을 후회했던 시기도 바로 이때다.

그해에 동화, 경기, 충청, 대동, 동남 등 많은 은행이 우량 은행들로 흡수 합병되었다. 또 일부 시중은행이 외국 자본에 매각되고 한일, 상업은행은 한빛은행으로 통합되기도 하는 등 은행 산업의 격변기였다. 장기신용은행도 이때 국민은행과 합병을 했다. 합병 후 나는 리스크관리부에서 종합수익관리 시스템 개발 업무를 하였다. 은행의 성과를 조직별, 상품별, 고객별로 나누어 체계적으로 관리하는 시스템 개발 업무이다. 회계계수를 기초로 하여 각 거래의 성과를 평가해야 하기에 회계지식은 물론이고 다양한 업무 경험, 전산 지식이 필요했다.

돌이켜 보면 내가 은행에서 수행한 업무의 30~40퍼센트는 전산 개발이나 수정과 관련된 일이었고, 공인회계사 자격은 나로 하여금 다른 은행원들보다 더 특수하게, 더 전문적으로 일할 수 있게 해 주었다.

9·11 테러 하루 전날, 미국 증시에 입성하다

국민은행과 장기신용은행의 합병 과정에서 장기신용은행의 많은 직원들이 회사를 떠났고, 나도 다른 직장으로 옮겨 볼까 고민하다가 일단 조직의 변화 과정을 좀 더 지켜보기로 결정했다. 혼란스러운 시기였다. 뭔가 관심을 가질 것이 필요했고, 그래서 미국 공인회계사(AICPA) 공부를 시작했다. 미국 공인회계사 자격증이 딱히 필요하지는 않았지만, 그 당시에는 학원에 가지 않아도 비디오로 공부가 가능했고 시험을 미국에서 봐야 하니 미국에 갈 수 있는 명분도 생기기에 동기는 충분했다. 나는 남부끄러울 일 없이 미국 공인회계사 시험에 당당히 합격했다.

미국 공인회계사 자격을 취득하고 얼마 지나지 않은 어느 날, 내 직속 실장이 호출을 하였다.

"국민은행을 뉴욕의 증권거래소에 상장시키는 업무를 담당해 주게."

그 무렵 국민은행과 주택은행은 합병이 예정돼 있었다. 그런데 주택은행은 이미 미국 증권거래소에 상장돼 있었지만 국민은행은 상장이 돼 있지 않았다. 합병을 하려면 국민은행도 미국 증권거래소에 상장을 시켜야 하는 상황이었다.

회사의 부름에 따라 은행 합병, 그것도 미국 상장 업무에 뛰어들긴 했으나…, 조건이 까다로웠다. 미국 회계기준에 따라 최근 3년간의 재무제표 및 재무 자료를 정리해서 제한된 시간 내에 재무보고서를 제출해야만 합병이 가능했다.

2000년 1월부터 6월 말까지 하루도 쉬는 날 없이 은행 인력 30여 명, 삼일회계법인 회계사 40여 명, 미국 PwC회계법인 회계사 10여 명, 그리고 미국 법무법인 변호사 등 대규모 인력이 투입되어 미국 상장을 준비했다. 상장 업무 준비 과정에서 은행과 회계사, 회계사와 변호사, 삼일회계법인과 미국 PwC 간에 의견 마찰도 종종 있었지만, 이를 잘 극복하여 서류 제출 시한인 6월 말에 상장을 위한 재무보고서를 제출하였다.

그 후 재무보고서의 적정성에 대해 미국 증권위원회(SEC)로부터 수차례 질의를 받고 이에 대응하는 과정을 거쳐 2001년 9월 10일 모든 검토 절차가 완료됐다는 통보를 받았다. 그리고 그다음 날 미국에서 저 유명한 '9·11 테러 사건'이 터졌다. 워싱턴 관공서들은 한동안 업무 마비 상태가 되었다. 만약 하루만 늦게 완료 통보가 됐으면 어땠을까? 국민은행과 주택은행의 합병은 엄청난 어려움을 겪었을 것이다. 돌아보면 나의 미국 공인회계사 자격 취득부터 9·11 테러 바로 전날 미국 상장 서류 검토 완료 통보까지 어쩌면 그리 아슬아슬하게 아귀가 딱 맞아떨어졌는지 신기할 따름이다.

국민은행과 주택은행 합병 후, 나는 회계부에서 미국 증권위원회 재무자료 작성 업무 등을 담당하고 약 9개월간 미국 회계법인 연수도 다녀왔다. 그중 인상 깊었던 것 하나는, 우리나라 회계법인은 주로 시니어 회계사들이 먼저 퇴근하고 스태프들이 늦게까지 남아 일을 하는 반면에 미국 회계법인은 파트너들이 더 늦게까지 남아 일한다는 것이었다. 물론 미국의 경우 군 복무 의무가 없어서 우리보다 일찍 회계사를 시작할 수 있고 젊은 나이에 파트너가 되기 때문에 우리와는 직장 문화가 좀 다를 수도 있으리라 생각한다. 또 점심시간에 주로 샌드위치나 샐러드를 사다가 자기 자리에서 간단히 먹는 것도 나에게는 낯선 광경이었다.

나는 미국 회계법인에서 연수만 받고 몇 가지 규정상 그들과 같이 감사 업무를 수행하지는 못했다. '업무까지 했다면 많은 경험을 할 수 있었을 텐데.' 하는 아쉬움이 컸지만, 그 대신 가족과 함께 가장 행복한 시간을 보낼 수 있었다. 또 큰아들은 이때 영어 실력이 크게 향상되어 훗날 통역병으로 군 근무를 하게 되었다.

은행의 모든 업무는 회계로 통한다

미국 연수 2년 후 나는 회계부장으로서 은행 회계 업무를 총괄하게 되었다. 은행이다 보니 금액 단위도 큰 데다 새로운 업무와 상품이 계속 개발되어 이들 업무를 회계적 측면에서 파악하기란 여간 힘든 일이 아니다. 특히 신상품 개발 등을 사전 회계 검토나 준비 없이 시작할 경우, 이후에 회계 처리나 세무 문제 등이 야기될 수 있어서 이들 업무에 대한 사전 검토 작업이 필수다. 더군다나 세무 문제는 바로 현금 유출과 연계되어 있어서 항상 나를 긴장시키는 업무다. 나는 회계법인 세무

:: KB금융지주 CFO실 체육 행사에서 직원들과 함께한 필자. 은행에서 회계사는 회계전문가로서는 물론 조직의 일원으로서 그 몫을 해내야 한다.

전문가를 은행에 상주시켜 세무 문제를 사전에 검토하도록 하고, 필요하면 세무 당국에 질의하여 처리함으로써 세무 리스크를 최소화하도록 하는 조치를 취했다. 지금도 세무 문제에 있어서는 이러한 자세를 견지하고 있다.

이제 은행 회계 업무는 국제회계기준(IFRS) 재무제표의 도입과 함께 변화가 진행되고 있다. 은행업계의 경우 2011년부터 IFRS가 전면 적용되었지만 그에 대한 준비는 이미 2007년에 시작되었다. 그리고 이러한 IFRS 시행은 현재 완료된 것이 아닌 계속 진행되는 작업이다. 예를 들어 은행에서 가장 중요하게 생각하는 대손충당금 관련 기준은 2015년 개정 시행이 예정되어 있고, 연결기준과 공시기준도 새로이 제정되어 2013년부터 적용 예정이다. 다른 분야도 그렇지만, 특히 회계, 세무 분야는 룰(rule)을 다루는 분야라 이러한 룰이 바뀔 때마다 부단히 연구하고 준비하지 않으면 금방 업무에서 도태된다.

내가 수행한 업무 중심으로 이야기하다 보니, 은행에서 회계사가 잘할 수 있고 두각을 드러낼 수 있는 것이 회계, 세무에만 한정된 것처럼 보일 수도 있겠다. 하지만 기업 심사, 은행 고액 수신 고객을 위한 프라이빗 뱅킹(PB), 투자금융(M&A, PF) 관련 금융자문, 국제결제은행(BIS) 비율관리 등의 리스크 관리, 전략적인 M&A 등 사업결합, 내부감사, 재무보고내부통제, 기업 고객을 위한 회계·세무 컨설팅 등 회계사를 필요로 하는 은행 업무는 다양하다. 사실상 은행의 모든 업무가 회계와 연관되어 있기 때문에 본점 부서들은 회계사를 선호한다. 물론 각 부서의 회계 업무는 어렵고 리스크도 많아 꺼려질 수도 있겠지만, 각 부서의 모든 업무를 가장 잘 이해할 수 있는 자리이기도 하다. 그래서 KB금융그룹의 경우 2011년부터 회계사를 별도 채용하고 있다.

한국에서 제조업은 이미 세계 최고 수준이지만 아직 금융업은 그런 평가를 받지 못하고 있다. 반대로 생각하면 그만큼 발전의 여지가 많다는 뜻이기도 하다. 능력 있는 공인회계사들이 전문적인 회계 지식과 경험을 가지고 금융업의 다양한 분야에 진출하여 실력을 발휘한다면 다른 누구보다도 훌륭하게 업무를 수행할 수 있을 뿐 아니라 우리나라 금융 산업 발전에 일조할 수 있다. 금융업에 종사하는 공인회계사의 전망은 그 어느 분야보다 밝다.

업무 구분		수행 업무
재무회계	은행회계	• 회계 정책 수립 및 제·개정 기준서 도입, 유권 해석 • 회계 규정, 지침 매뉴얼 수립 및 업데이트 • 회계 프로세스 개선, 계정 과목 신설·변경 • 결산 및 재무제표 작성, 회계 관련 대내외 보고서 작성
	기타 회계	• 신탁회계 및 결산 • 수탁펀드 회계결산 • 국외 영업점 결산 및 회계 업무 관리·지도
세무회계		• 세무 기획 및 세무 관련 제·규정 관리 • 조세 불복 및 대행, 세법 유권 해석 • 법인세·제세금 세무조정 및 신고·납부 • 근로소득 연말정산 업무 총괄
관리회계		• 경영 목표 및 장단기 경영 계획 수립 • 전체 손익 관리, 자본금 및 배당 정책에 관한 사항 • 관리회계제도 운영 및 수익성 분석, ABC원가 산출
전략/M&A		• M&A 등 사업결합 관련 사전 분석 및 타당성 조사 • 사업결합 관련 사후 관리 • 자회사 분석, 지분출자 관리
경영감사		• 회계 관련 내부감사 • 감사제도 개선 및 조사 연구에 관한 사항 • 내부통제의 운영 및 제도에 대한 감사 • 신용평가 시스템 리스크 측정 요소 적합성에 대한 감사
여신관리·심사		• 자산 건전성 분류 및 대손충당금 적립 업무, 여신 분석, 모니터링 • 기업 관련 여신 심사, 분석 • 기업 여신 credit review • 기업구조조정(워크아웃 포함), 업체·기업회생, 파산 업체 관리·모니터링 • 출자 전환 및 특수채권 분석 등
리스크		• BIS 비율(위험가중자산 및 자기자본) 산출 • 전행 경제적 자본 관리 • 신용 리스크 관리 및 모니터링

업무 구분	수행 업무
투자금융 (M&A, PF)	● 투자금융 업무, 계산·회계·세무 처리 ● 투자금융 관련 금융자문 및 보고서 작성 ● 동산투자금융 및 자산유동화 관련 기획·분석·사후 관리 등
컨설팅	● 자산 관리 고객에 대한 전문 회계·세무자문 서비스 제공 ● 기업 고객 회계·세무 컨설팅(기업진단 컨설팅, 가업승계 컨설팅 등)
재무보고통제	● 재무보고내부통제 제도 및 기획 ● 재무보고내부통제 유효성 평가, 보고 및 사후 관리에 대한 사항 ● 은행 자회사의 내부통제 구축 지원 및 평가에 관한 사항
회계지원 (Back Office)	● 자금, 증권거래, 파생상품 관련 계산·회계·세무 처리 ● 은행 회계 결산을 위한 각 부서 회계·세무 산출 자료 작성

공인회계사, 또 다른
도약을 위한 좋은 출발점

| 이재은 |

고려대 경영학과를 졸업하고 서울대 경영학 석사를 거쳐 고려대에서 경영학 박사학위를 받았다. 한국, 미국 공인회계사 자격을 갖고 있다. 삼일회계법인에서 26년 근무하는 동안 미국 PwC(PricewaterhouseCoopers) 샌프란시스코 지사에서 파견 근무를 했으며 회계감사심리실장을 지냈다. 2010년부터 홍익대 경영대학 교수로 재직하고 있으며, 한국공인회계사회 감·사인증기준위원, 금융감독원 금융투자업인가 외부 평가위원 등으로 활동하고 있다.

나는 삼일회계법인에서 공인회계사로서 26년을 근무하고 만 50세인 지난 2010년 9월 홍익대학교 경영대학 전임 교수로 부임했다. 매 학기를 시작할 때면 많은 학생들이 인생 상담을 하고 싶다면서 연구실을 찾아온다. 고민하는 질문들은 몇 가지 유형들로 요약된다.

- 회계사가 되면 무엇이 좋은가요?
- 남들이 좋다고들 하는데 나도 회계사 시험에 도전해 볼까요?
- 누구, 누구도 실패했다는데 내가 해도 가능할까요?
- 시험 합격이 어렵다는데 시험에 실패하면 그 사이 다른 기회는 날아가 버리는 게 아닐까요?
- 시험 준비는 어떻게 해야 하나요?
- 회계사가 된 후에도 무척 힘들고 생존 경쟁이 치열하다는데 내가

버틸 수 있을까요?

– 여자들도 감당할 수 있는 직업인가요?

학생들의 질문에 대한 답변을 내 인생 얘기로 갈음해 볼까 한다. 공인회계사 시험공부를 어떻게 할지, 시험을 준비하는 과정에서 또 삶을 살아가는 과정에서 어떤 지혜를 어떻게 가져야 할지에 대한 답을 찾을 수 있을지도 모른다.

10년 단위 꿈을 그려라

나의 고교 시절 꿈은 고등학교 수학 선생님이었다. 경영학과로 대학을 진학하고 군 제대 후 복학을 한 3학년 1학기, 내 인생이 바뀐 것이다. 그때 수강했던 관리회계 수업이 가슴에 남아서 진로를 공인회계사로 수정했다. 하지만 이제 회계학 교수가 됐으니 수학 선생님의 꿈은 비슷하게 이루어진 것 같기도 하다.

삼일회계법인 입사 후 신입 사원 회식 자리에서 본부장님이 자신은 10년 단위로 인생 계획을 세운다고 했다. 그 말을 듣고 나도 막연하게나마 10년 단위의 인생 계획을 생각해 봤다. 30세에는 회계법인에서 업무 능력을 키워 미국 파견을 다녀오고(당시에는 미국 회계법인에 교환 근무를 다녀오는 것이 실력을 인정받는 지름길이었다.), 40세에는 파트너로 승진하고, 50세까지 박사 과정을 마친 후 대학교수가 되는 것으로 마음에 그려 봤다.

실제로 입사 4년차였던 29세에 PwC 샌프란시스코 지사에서 파견 근무를 했고, 40세에 파트너로 승진했으며, 48세에 박사학위를 받았

:: 10년 단위로 세운 인생 계획의 포문을 연 PwC 샌프란시스코 지사 파견 근무 당시의 필자.

다. 그리고 만 50세에 대학교수로 부임했으니 결과적으로 입사 초에 그렸던 나의 꿈을 모두 이룬 셈이 되었다.

막연한 꿈은 현실이 되지 않는다. 더구나 남들이 좋다니까 따라가는 꿈은 열정이 있는 나의 꿈이 아니다. 나는 무조건 "회계사가 좋으니 도전해 봐라."라고 얘기하지 않는다. 이 꿈이 내가 평생 동안 열정을 바칠 만큼 보람이 있는 일인가를 생각하는 것에서부터 출발해야 한다. 꿈을 꾸는 방법에 대한 내 얘기를 듣고 자신이 진정으로 원하는 것이 회계사가 아닌 다른 길임을 확인했다며 진로를 바꾸겠다고 말한 학생도 있다. 나는 "대환영"이라며 칭찬했다. 남들이 좋다고 하니까, 부모님이 원하니까, 연봉이 많다니까, 소개팅에서 알아준다고 하니까 택하는 것은 내 꿈이 아니다. 내가 평생 동안 열정을 유지할 수 있는 꿈이어야 한다.

놀랍게도 잘나가는 회계법인에 근무하는 회계사들의 가장 큰 고민이 미래가 잘 보이지 않는다는 것과 현재의 삶이 스트레스도 많고 너무 바쁘고 힘들어서 벗어나고 싶다는 것이다. 꿈은 그 꿈을 꾸는 사람들에게만 현실이 된다. 성공을 확신할 수 없는 상황에서 꿈을 좇는 과정은 힘들고 고통스러운 일이다. 하지만 성공한 모든 사람들에게 물어보라. 그들도 성공하기 전에는 실패도 많이 하고 힘도 많이 들었지만, 포기하지 않고 묵묵히 하루하루의 삶에 성실했더니 성공하게 되었다고 답할 것이다.

작은 과정에 성실하라

매 학기 첫 수업 시간이면 나는 한 시간 정도를 할애해서 삶에 대해 생각하는 방법을 학생들에게 얘기한다. 그중 첫 번째는 『성경』의 「마태복음」 25장에 나오는 말씀으로 "작은 일에 성실한 사람이 나중에 큰일을 맡게 된다."는 것이다.

내가 회계법인에서 회계감사심리실장으로 근무할 때 한국공인회계사회에서 주관하는 내부통제 관련 감사 지침을 준비하는 작업을 한 적이 있다. 당시 사내에서는 특별 현안들이 많이 걸려 있어서 심리실 소속 모든 회계사들이 바쁘고 힘든 시기를 보내고 있었다. 추가적인 일을 맡기기가 미안했지만, 평소 열심히 일하던 A회계사에게 이 감사 지침 초안을 준비하도록 지시했다. 초안의 작성 요령을 간략하게 설명해 주고 나서 국내외 많은 자료들과 외국 문헌들을 분석, 검토해야 할 거라는 말을 덧붙였다.

그로부터 며칠 후 다른 일로 야근을 하던 나는 우연히 그 회계사의 책상에 쌓여 있는 서류 뭉치들을 보고는 깜짝 놀랐다. 그 산더미같이 쌓인 서류들은 내가 설명했던 내부통제에 대한 외국 문헌들과 사례들을 프린트한 종이였다. 잠깐 살펴보니, 중요한 내용들에는 빨간 색연필로 밑줄까지 쳐져 있었다. 이후 감사 지침의 준비 작업이 성공적으로 마무리된 것은 당연한 일이었다.

내가 맡긴 일이 담당 업무와는 직접적인 관련이 없었기에 그가 그렇게까지 성실히 준비하지 않아도 됐었다. 하지만 무슨 일이든 최선을 다하는 모습을 보게 된 나는 그에게 신뢰를 갖고 더 많은 중요한 업무를 맡길 수 있었다. 지금 A회계사는 삼일회계법인 내 어려운 선발 과정을 거쳐 PwC 런던 지사에 파견됐고, 국제회계기준의 해석과 적용을 검토하는 업무를 맡고 있다.(이 일을 하는 부서는 전 세계 PwC 내에서도 꽃 중의 꽃으로 막중한 역할을 하는 곳이다.) 얼마 전 그가 페이스북에 런던의 한 공원에서 아이들과 함께 찍은 사진을 올렸는데, 단순한 경치 이상의 아름다움이 느껴졌다.

현재에 충실하라

많은 사람들이 꿈을 위해 "현재는 포기했다."라고 쉽게 말한다. 하지만 현재가 없는 미래는 존재하지 않는다. 내가 말단 회계사 시절에 만난 과장, 대리 분들이 10년, 20년 지나서 보니 각 회사의 요직을 담당하는 임원이 돼 있었다. 당시 그들이 업무상 맺은 많은 인연들이 미래의 성공에 중요한 출발점이 됐을 것이다. 현재의 모든 관계에서 좋지 않은 인상을 남긴다면 자신의 미래에 불리한 결과가 나타날 게 분명하다.

예전에 내가 회계감사를 하며 만났던 외국계 회사의 재경 담당 B임원이 떠오른다. 그때 그가 속한 회사는 외국 소재 모 기업의 합병에 따라 한국 내 자회사들을 합병해야 하는 상황이었다. 통합 후에는 회사의 재경 담당 임원이 둘이나 있을 필요가 없어서 두 회사의 최고재무책임자(CFO) 중 한 명은 퇴사를 해야 했다. 내부 소문에 의하면 B이사는 이직을 앞두고 있었다. 그 때문이었는지 그는 모든 일에 극도로 예민했고, 나중에 조금이라도 자기에게 부담이 될 가능성이 있는 일은 책임을 회피하는 방식으로 처리했다. 합병 일정 때문에 회계감사 일정이 더 빠듯했지만, 그의 자기 보신적 업무 태도 때문에 나는 감사 계약부터 감사 종결까지 많은 어려움을 겪었다.

그러던 어느 날 내가 담당하고 있던 다른 외국계 회사의 사장님으로부터 연락이 왔다. 자기가 임원 채용 절차를 밟고 있는데, 그 후보 중 하나가 우리와 일하고 있는 회사의 임원이라면서 그 사람의 평을 알아봐 달라는 것이었다. 놀랍게도 그 사람은 B이사였다. 내가 바로 그 회사의 담당자인지도 모른 채 부탁을 해 온 것이었다.

내가 그에 대해 좋은 평을 할 수 있었겠는가? 나는 감사를 맡은 지 얼마 안 돼 잘 모르겠다고 답변하였다. 말은 우회적으로 했지만 아마 그 사장님도 눈치를 채셨을 것이다. 정말 좋은 사람이었다면 다른 사람에게 수소문해서라도 그 사람의 능력과 인품에 대해 설명을 해 주었을 게 분명했기 때문이다.

B이사는 만난 지 일주일밖에 안 된 내가 자신의 채용 심사에 영향을 끼칠 언급을 할 것이라고 꿈에도 생각지 못했을 것이다.

내가 지금 만나는 사람은 언제 어떤 방법으로 내게 도움이 될 수도 있고 위협이 될 수도 있다. 현재의 일에 성실한 것이 앞으로의 성공에도 대단히 중요한 디딤돌이 된다.

깨끗이 준비된 그릇만이 음식을 담을 수 있다

그릇에는 크고 작음이 있다. 또 화려한 모습을 띠기도 하고 투박한 모습을 지니기도 한다. 그러나 그릇의 화려함은 장식적인 것일 뿐, 깨끗하게 준비된 그릇만이 음식을 담는 본래 목적으로 사용된다. 혹자는 인생을 자기가 선택하는 것이라고 말한다. 나는 학생들에게 말한다. 인생은 선택하는 것이 아니라 자기가 선택받을 수 있도록 준비하는 것이라고.

내가 회계법인에 근무하던 시절, 회계감사심리실은 고객 회사로의 잦은 출장을 꺼리는 여자 회계사들이 옮겨 오는 부서라는 분위기가 조성돼 있었다. 회계감사심리실장으로 부임해서 보니, 모두들 바쁜 일정이나 소화하면서 그냥 하루하루 지내는 듯한 느낌이었다. 감사 현업 부서의 부담감은 일부 벗어났을지라도, 심리실 나름의 바쁜 업무에 쫓겨 자칫 무사안일로 하루하루를 넘기기 쉬웠을 것이다.

나는 그들에게 비전과 꿈을 이야기했다. 아무리 바쁘고 힘들더라도 스스로의 미래를 준비할 필요가 있음을 역설하였다. 그래서 함께 영어 공부를 하자고 제안하였고, 내가 먼저 토익 시험을 보겠다면서 6개월 내에 나와 비슷한 성적을 못 만들면 벌금을 1만 원씩 걷겠다고 했다. 많은 회계사들이 영어 공부를 하자는 내 말에는 공감했지만, 바쁜 일상에 치여 이를 실천하기는 쉽지 않았던 모양이다. 실제로 6개월 뒤 영어 실력이 향상된 사람은 몇 명 되지 않았다. 그중 C회계사는 여섯 달 만에 토익 900점을 넘긴 몇 안 되는 사람 중 하나였다. C회계사는 평소 업무에서도 실력을 인정받아 이사로 조기 승진까지 했으나, 향후 더 많은 발전을 위해서는 영어 실력이 약점이 될 만한 상황이었다. 그러나 토익 900점 달성을 계기로 이후로도 꾸준히 영어 공부를 한 C회계사는 삼일회계법인 내 어려운 선발 과정을 통과해서 지금은 뉴욕 소재 PwC

:: 삼일회계법인 근무 당시 강릉 워크숍에서 회계법인 식구들과 함께한 필자.

글로벌 오피스의 국제회계기준 전담팀에 파견을 나가 있다.

업무에서 실력을 인정받을 수 있는 사람은 상당히 많다. 하지만 좋은 기회는 주어질 수도 있고 주어지지 않을 수도 있다. 인생은 운칠기삼(運七技三)이라고도 하지 않는가. 확실한 것은, 깨끗하게 준비되어 있는 그릇에 잔치 음식을 담듯 준비를 행동으로 실천한 사람만이 기회가 주어졌을 때 그 기회를 잡을 수 있다는 점이다.

회계사 공부도 '공포의 삑삑이'처럼 하라

내 강의를 수강하는 학생들 가운데 상당수가 공인회계사 시험을 준비하고 있다. 그들에게 나는 이렇게 설명한다.

"우리나라 공인회계사 시험은 누구나 붙을 수 있는 시험이다. 하지만 붙을 수 있도록 준비한 사람에게만 열리는 문이다. 그러므로 합격할수 있게 준비하고 붙을 시험을 보라."

이 말을 대다수의 학생들이 오랜 시간 공을 들여 많이 준비하고 시험을 보라는 말로 받아들인다. 그러나 아니다. 목표는 빡빡하게 세워야 한다. 그래야 능률과 집중이 생기기 때문이다. 또 철저하게 준비하고 치열하게 실천해야 한다.

2002년 한일월드컵 때 한국대표팀을 맡았던 거스 히딩크(Guus Hiddink) 감독을 얘기하면서 많은 사람들이 '공포의 삑삑이(셔틀런)'를 떠올린다. 천천히 걷다가 삑 하고 호루라기를 불면 20미터를 전력 질주하고 다시 천천히 걷다가 삑 하면 20미터 왕복 달리기를 하는 훈련으로, 박지성 선수도 입에 단내가 나도록 힘들었다고 했다. 투지와 체력이 좋다는 한국 축구의 허상을 깨 주는 훈련이었다.

공인회계사 시험도 이와 같은 방법으로 준비해야 한다. 시험 준비는 지독하게 노력을 투입해서 훈련을 해야 한다. 일정 수준의 내공이 쌓이지 않으면 시험 합격은 불가능하다. 매년 합격 인원이 1000명에 육박하는 요즈음 공인회계사 시험은 일정 수준의 공부를 했는지 안 했는지를 확인하는 시험의 형태가 되었다.

그러나 일정 수준의 노력, 그것만으로는 충분하지 않다. 시험에서 요구하는 몸 만들기를 반드시 해야 한다. 공인회계사 2차 시험 과목은 각각 60점 이상이 되어야 합격을 한다. 내가 시험을 준비할 때엔 모든 섹션에서 60퍼센트의 정답을 맞히는 훈련을 했다. 모든 상황을 실전과 동일하게 하고 문제 푸는 시간도 제한하고 스스로 채점도 했다. 객관식 문제를 예로 들자면 1차 시험의 실전과 비슷하게 한 문제당 1분 안에 문제를 읽고 해답을 찾는 훈련을 했던 것이다.

공인회계사가 되려고 하는 모든 사람들이 열심히, 많이 공부한다. 공인회계사 시험은 독하게 준비할 것을 요구하기 때문이다. 그 준비는 시험에 합격할 수 있는 몸 만들기이다. 시험에서 요구하는 조건에 맞게 몸 만들기를 해야 '5 대 0'팀이 월드컵 4강팀으로 변신할 수 있다.

내가 선택하지 않은 길은 매몰원가일 뿐이다

호연지기(浩然之氣)는 맹자의 가르침이다. 쉽게 표현하면 "최선을 다해 올바르게 처신했을 때 결과에 관계없이 갖게 되는 담담한(또는 담대한) 마음"이다. 나는 이 사자성어를 고교 때 배운 이후로 대학교수님과 선배들로부터 반복해 들으면서 인생의 큰 가르침으로 받아들이게 됐다.

D군의 이야기를 잠깐 해 볼까 한다. 그는 군 제대 후 복학해서 나와 함께 공인회계사 시험을 준비했던 대학 동기이다. 불운하게도 공인회계사 시험에 합격하지 못했고 졸업 후 섬유업종의 대기업에 입사해 수출부서에서 근무하였다. 훗날 삼일회계법인은 그 기업의 무역 분쟁 관련 컨설팅 업무를 수행하였고, 수출부에 있던 그는 우연찮게도 나의 동기 회계사와 함께 일을 하게 됐다. D군은 이 일을 계기로 몇 년 만에 다시 공인회계사 시험을 보기로 마음먹었고, 몇 번의 시도 끝에 1차 시험에 합격하자 회사를 퇴사한 다음 1년을 준비해서 2차 시험까지 합격했다.

그는 작은 회계법인에서 수습회계사 생활을 마친 후, 나를 찾아와 공인회계사보다는 일반 기업이 자기에게 더 잘 맞는 것 같다고 말했다. 그때 그의 나이 30대 후반이었다. 때마침 꽤 유명한 여성의류회사에서 경력 직원을 찾고 있었다. '공인회계사이면서 섬유업종 근무 경험이 있고 나이는 40세 전후'가 채용 후보 조건이었다. 그 말고 누가 더 이 조건에 적합했겠는가. 그는 40세도 안 된 나이에 기획이사로 임명이 됐고 상임감사로까지 근무한 후 1997년 외환위기 때 회사가 어려워지면서 퇴사를 했다. 그러고 나서 40세 중반 나이에 미국 유명 대학에서 MBA

를 마치고 미국 의류회사의 재무 담당 이사가 되었다.

D군과 유사한 사례가 하나 더 있다. 내가 회계사로 일할 당시 출장을 나갔던 한 건설회사의 E과장은 우리 팀 회계사들에게 공포의 대상이었다. 회계사들이 회계기준에 대해 아무리 설명을 해도, 해당 회계기준과 해석서 내용을 확인하고 본인이 납득되지 않으면 결코 받아들이지 않았다. 나중에 알고 보니 E과장은 대학 시절 공인회계사 시험에서 수차례 낙방을 한 후 건설회사에 취직을 한 사람이었다. 회계사 시험 준비를 한 내공은 어디에 가도 표가 난다. 그는 여러 부서를 거치는 동안 회계사 시험 준비를 하면서 쌓은 실력을 바탕으로 철저한 업무 처리 능력을 인정받았고 자연스럽게 회계부서로 자리를 옮기게 되었다. 나중에 이 회사의 재무 담당 전무님을 만났는데, "E과장이 회계부서의 기둥"이라며 칭찬을 아끼지 않았다.

시험 실패는 인생에서 겪게 되는 불가피한 쓰나미일 수도 있다. 그러한 쓰나미를 겪고도 호연지기의 자세로 담대하게 그다음의 인생을 열심히 살고 있는 E과장은 내가 만났던 가장 인상 깊은 사람 중 하나이다.

현대그룹 계열사들의 회의실에 가면 만년필로 쓴 글씨를 확대해서 표구한 액자가 하나 걸려 있다.

"담담하게 살자"

고(故) 정주영 회장님이 쓴 글이다. 초등학교만 마친 그의 삐뚤삐뚤한 글씨를 보며 그것이 온몸으로 인생의 시련을 겪어 내고 터득한 삶의 지혜라는 생각에 전율을 느낀 적이 있다.

공인회계사 시험을 준비하다가 실패를 경험하는 학생들이 많이 있다. 철저하게 몸 만들기를 했다고 하더라도 때로는 합격의 운이 따르지 않을 수 있는 것이다. 쓰나미가 밀려올 때엔 아무리 잘 처신해도 실종

되거나 급기야 사망할 수 있다. 하다못해 비싼 옷을 망치면서 겨우 빠져나오는 경우도 생긴다. 나는 시험의 실패를 두려워하거나 그로 인해 상심한 학생들에게 내가 회계법인 근무 시절 겪었던 여러 쓰나미의 경험들을 말해 주곤 한다. 내가 아무리 준비를 잘했더라도 어쩔 수 없이 겪게 되는 일들이 있다. 그때는 호연지기의 마음을 갖고 스스로의 삶을 되돌아보며 앞으로의 삶을 계획하고 긍정적으로 생각해야 한다.

로버트 프로스트(Robert Lee Frost)의 「가지 않은 길」이라는 시가 있다. 내가 살아온 인생에서 갈림길이 있었는데 그중 하나의 길을 택하면서 갖게 되는 또 다른 길에 대한 아쉬움을 담고 있다. 나는 학생들에게 이 시를 "내가 싫어하는 시"라고 얘기한다. 앞으로의 삶을 어떻게 살아야 할지 고민하기도 바쁜데 왜 자신이 선택하지도, 가지도 않았던 길을 되돌아보면서 한숨을 쉬는지…. 추억은 과거일 뿐 앞으로의 삶에는 고려할 필요가 없는 '매몰원가'일 뿐이다.

회계사는 인생에서 좋은 출발점이 될 수 있다

"공인회계사 우대"
"회계 전공자는 공인회계사 자격자에 한함"
이 말은 기업의 회계부서 인력 채용 공고에 붙는 말이 아니다. 회계학 교수 채용 공고의 비고란 내용이다. 실제로 현직 회계학 교수들 중 많은 이들이 공인회계사 자격을 갖고 있다. 나 역시 공인회계사 자격이 없었다면, 또 회계법인에서 25년이 넘는 업무 경력이 없었다면 늦은 나이에 대학교수로의 전직은 불가능했을 것이다.

:: 회계학 교수는 내가 회계사로서 그렸던 또 하나의 인생 큰 그림이다.

공인회계사 자격은 공인회계사를 평생 직업으로 해야 한다는 것을 의미하지 않는다. 물론 회계사 자격이나 경력에 안주할 수도 있다. 분명한 건 자신의 꿈과 노력에 따라 공인회계사 자격은 다양한 회계 전문직으로서의 경력을 만들어 가는 좋은 출발점이 된다는 것이다. 회계사 자격은 자신의 실력을 공식적으로 인정받았다는 더할 나위 없이 좋은 근거가 되기 때문이다.

나는 요즘도 면담을 요청하는 학생들에게 20년이 넘는 회계법인 근무 경험을 바탕으로 한 시간씩 그들의 인생 고민을 듣고 내 생각을 말해 주거나 내 이야기를 솔직하게 들려준다. 상담이 끝난 후에는 학생이 방을 나설 때는 물론이고 그 후에 학생의 생각과 행동이 어떻게 바뀌어 어떤 성과를 얻었는지에 대한 소식을 챙겨 듣고 있다. 학생 자신이 처음 계획했던 것이든, 나중에 보람을 찾게 된 것이든 모두 귀중한 보배를 찾게 될 거라고 생각한다.

나는 이렇게 인생 후반기에 회계학 교수로서 또 하나의 그림을 그려 가고 있다. 또 앞으로 10년 단위의 꿈은 무엇이 되어야 할까? 이것이 요즈음 내가 갖고 있는 여러 생각 중 하나이다.

회계사 정보 엄그레이드

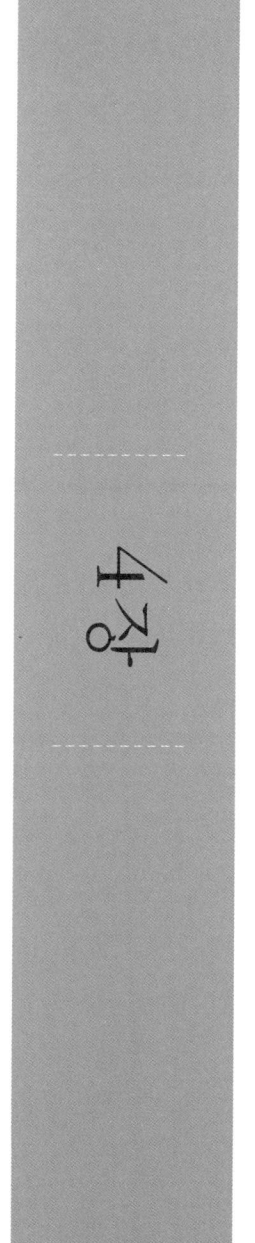

4장

회계법인,
변화의 큰 흐름 속에 서서

| 강동효 |

서강대 국어국문학과를 졸업한 뒤 2007년 서울경제신문사에 입사했다. 문화레저부의 출판, 공연 담당 기자를 거쳐 골프, 축구 담당 기자로 현장을 취재했다. 2011년부터 증권부로 이동해 주식, 선물·옵션, 채권, 기업금융, 회계법인 등을 맡아 취재하고 있다.

지난 2001년 미국을 깜짝 놀라게 한 사건이 터졌다. 미국에서 가장 혁신적인 기업으로 찬사를 받던 에너지업체 엔론(Enron Corporation)이 매출 조작 등 분식회계를 저지른 사실이 들통나 미국 사회가 발칵 뒤집힌 것이다. 엔론은 5년간 파생상품 투자로 발생한 15억 달러(약 1조 7000억 원)를 회계상 손실로 처리하지 않고 실적을 부풀렸는가 하면 탈세, 정치권 로비 등 온갖 비리의 온상이었다. 미국과 유럽에서 거래되는 에너지의 20퍼센트를 담당했던 글로벌 기업 엔론이 그해 12월 법원에 파산 신청을 하며 역사 속으로 사라졌다.

엔론 회계 부정의 후폭풍은 막대했다. 엔론의 최고경영자였던 제프리 스킬링(Jeffrey Skilling)이 24년형을 선고받았고 미국에서 4500여 명의 근로자가 일자리를 잃었다. 엔론의 외부 회계감사를 맡았던 대형 회계법인 아서앤더슨(Arthur Andersen)은 대규모 소송과 징계를 감당하지 못해 결국 파산했다. 1913년 처음 설립돼 100년을 이어온 아서앤더슨이 엔론의 부정에 적극 가담한 바람에 한순간에 해체된 것이다. 아서앤더슨은 당시 한국을 포함해 전 세계 84개국에 385개 지사를 뒀고 직원 숫자만 7만 명이 넘었다.

엔론과 아서앤더슨의 일화는 회계 업무가 한 기업에 있어 얼마나 중요한지를 단적으로 말해 준다. 기업의 입장에서는 회계장부를 잘 꾸미고 싶은 욕구가 늘 있다. 엔론처럼 영업 외적인 부분에서 손실이 발생하면 이런 욕구는 거부하기 어려운 유혹으로 바뀐다. 손실을 곧이곧대로 밝히면 주가는 곤두박질치고 재무 상황은 더 나빠져 신용등급이 하락한다. 그리고 신용등급이 떨어지면 은행 등 금융업체로부터 자금을 빌리는 비용이 더욱 커지며 심지어는 자금을 아예 빌리기 힘든 상황에 처할 수도 있기 때문이다. 이러한 맥락에서 금융 당국은 기업들의 회계 부정을 막기 위한 방편으로 회계법인으로부터 감사를 받아 그 결과를 정해진 기간 내에 제출하도록 강제하고 있다.

그렇다면 한국의 사정은 어떨까. 지난해 산업용 보일러업체 S사는 대기업 P사와 인수 계약을 체결했다. 보일러업체의 경영진은 실적이 잘 나와야 매각 대금을 많이 받을 수 있는 상황이었다. 하지만 파생상품 손실, 원자재 값 급등 등으로 손실이 커지자 미래에 발생할 매출 가운데 일부를 미리 재무제표에 반영해 버렸다. 가령 이 기업이 2011년 8월부터 2012년 7월까지 300억 원의 발전 설비를 납품하기로 했다면 매출은 해당 기간에 나뉘어 발생하지만, 이를 2011년 2·4분기(3~6월)에 일부 반영해 실적이 고르게 잘 나오는 것처럼 꾸민 것이다.

S보일러업체의 분식회계 사실이 알려지자 주가는 폭락했고 소액 투

자자들은 회사를 상대로 소송을 걸었다. 또 해당 기업의 외부 회계감사를 담당했던 회계법인도 투자자들에게 손해배상 소송을 당했고 현재 법원의 판결을 앞두고 있다. 법원에서는 이 회계법인이 부실감사를 해서 분식회계를 잡아내지 못했는지, 기업이 교묘하게 회계법인을 속여 파악이 힘들었는지 등을 종합적으로 판단해 손해배상 여부를 결정할 예정이다.

아직 법원 판결이 나진 않았지만, 이 회계법인이 법적인 책임을 피한다고 하더라도 도덕적 책임에서까지 벗어나는 건 아니다. 기업이 외부 회계감사를 받는 이유는 경영진이 당초 제시한 목표대로 기업을 잘 꾸리고 있는지 여부를 주주와 투자자에게 알리고, 나아가 건전하고 지속적인 성장을 하기 위해서다. 하지만 외부 회계감사가 형식적으로 이뤄진다면 해당 기업의 해체는 물론 건전한 기업투자문화 전체에 나쁜 영향을 줄 수 있다. 최근 줄줄이 무너진 저축은행 역시 외부 회계감사가 적정했는지 여부를 두고 재판이 진행 중이지만 아쉬움의 목소리가 크다. 외부 회계감사에서 재무 위험성을 미리 경고했더라면 서민들의 피해는 조금이라도 줄일 수 있었을 것이다. 30여 년간 근무했던 회사에서 받은 퇴직금 1억여 원을 저축은행에 넣었다가 예금자보호법에 의해 5000만 원만 돌려받게 된 60대 노부부, 부산 자갈치 시장에서 한푼 두푼 모은 돈을 저축은행에 넣었다가 손실이 발생해 생계의 터전 대신 매일 시위 현장으로 출근하게 된 상인 등 저축은행의 피해자들은 보는 이의 가슴까지 아프게 했다.

이렇듯 회계사의 업무가 그 어느 때보다 중요한 시기이건만 업계 환경은 결코 녹록하지 않다. 공인회계사도 늘어나고 회계법인도 증가하면서 영세화가 급속히 진행되고 있다. 회계법인의 영세화는 회계 부실화로 이어질 수 있어 우려의 목소리가 크다. 금융감독원과 한국공인회계사회에 따르면, 2012년 3월 기준으로 공인회계사는 1만 4986명이다. 지난 2011년(1만 4070명)보다 6.5퍼센트가량 증가했다. 또 국내회계법인은 125개로 지난 2010년(113개)과 2011년(123개)에 이어 지속적으로 증가 추세다.

반면 삼일, 딜로이트안진, KPMG삼정, 언스트앤영한영 등 이른바 4대 회계법인의 시장 점유율과 소속 회계사 수는 점점 줄어들고 있다. 2012년 4대 회계법인 소속 회계사는 4943명으로 전체 회계법인 소속회계사의 58.4퍼센트를 차지했다. 전년에 비해 0.2퍼센트포인트 줄어든 수치다. 전체 회계법인에서 차지하는 4대 회계법인의 매출 비중도 55.3퍼센트로 2011년보다 2.4퍼센트포인트 감소했다. 4대 회계법인 위주의 과점 체제에서 탈피하는 모습으로 보이기도 하지만, 실은 회계법인의 영세화가 진행되고 있는 상황이다.

회계법인의 숫자가 늘어나면서 외부 회계감사에 대한 수임료 경쟁이 날로 심각해지고 있다. 금융감독원의 집계에 따르면, 2012년 주식시장에 상장된 기업들의 자산 규모는 2011년보다 8.5퍼센트 늘었지만 감사 수임료는 5.1퍼센트 증가하는 데 그쳤다. 이는 회계법인들이 외부회계감사와 관련 기업들에 저가 경쟁을 펼친다는 의미다. 가령 A기업이 2011년 회계감사와 관련해 B회계법인에 4000만 원의 수임료를 지불했다고 치자. 그런데 2012년 회계감사 때는 느닷없이 C회계법인이 등장해 2000만 원으로 할인해 줄 테니 자신들과 계약을 맺자고 제안하는 것이다. A기업의 입장에선 비용을 절반이나 줄일 수 있으니 C회계법인으로 바꾸는 게 자연스럽다.

실제로 내가 회계법인의 저가 경쟁 환경을 취재했을 때에도 상당수

기업의 최고재무책임자(CFO)들이 "비용을 조금이라도 적게 제안하는 회계법인으로 바꿨다."라는 말을 여러 차례 했다. 기업들이 외부 감사 비용을 줄이는 게 문제가 될 순 없지만 지나치게 적은 비용은 부실감사를 초래하는 원인이 될 수 있다. 한 회계법인 임원은 "회계법인에 지불하는 감사수임료를 절반으로 줄이면 회계 인력 투입 기간과 규모도 절반으로 줄일 수밖에 없을 것"이라며 외부 회계감사의 질적 저하 가능성을 우려했다. 다행히 현재 금융 당국과 회계법인이 머리를 맞대고 저가 수임을 제한하면서 회계감사의 질적 개선을 위해 노력하고 있는 점은 고무할 만하다. 아직 명확한 결과는 도출되지 않았지만, 회계법인들이 자정 노력을 한다면 충분히 개선될 수 있으리라고 본다.

회계법인이 비단 회계감사만 하는 것은 아니다. 회계법인의 업무 가운데 회계감사가 약 40퍼센트를 차지한다면 컨설팅과 세무가 각각 35퍼센트, 25퍼센트 정도를 차지한다. 최근에는 경영자문과 주식가치 평가 등 재무 여건을 기초로 한 컨설팅의 비중이 갈수록 커지고 있다. 경영 환경의 변화가 다양해지고 그 속도가 빨라지면서 기업들도 컨설팅에 관심을 갖게 된 것이다. 일례로 2011년에는 새마을금고중앙회가 창립 이후 처음으로 전국 50여 개 새마을금고의 경영상 문제점 등을 진단하는 컨설팅을 받기도 했다.

새로운 영역의 컨설팅 업무가 생기기도 한다. 삼일, 딜로이트안진, KPMG삼정 등 대형 회계법인들은 정부에 온실가스 에너지 검증 기관 등록을 하면서 에너지 관련 컨설팅 업무에도 뛰어들었다. 정부가 지난 2010년에 발효된 '저탄소녹색성장기본법'에 따라 2020년까지 온실가스 총 배출량을 꾸준히 감축하기로 한 만큼 기업들은 온실가스 배출 현황을 검증업체로부터 점검받아야 한다. 회계법인들이 온실가스 배출과 관련해 점검업체 역할을 하는 동시에 기업에 온실가스 감축 방안 등 컨설팅 업무도 할 계획이다. 또 KPMG삼정은 국내 병원들에 대한 경영 진단 등을 통해 의료계로 컨설팅 영역을 확장했으며, 이제는 피할 수 없는 자유무역협정(FTA) 시대를 맞아 좀 더 현명하게 대응하고자 FTA 원산지관리시스템 등을 구축해 관세 절감 효과를 높이는 한편 기업자문 및 컨설팅 영역을 확장하고 있다.

회계법인이 다채로운 업무를 시작한 것처럼 회계사의 역할도 점차 확장되고 있다. 회계법인이 아닌 다른 영역에서 근무하는 회계사들이 증가하는 추세다. 금융감독원에 따르면, 2012년 기준으로 회계법인 회계사와 개업 회계사 등으로 활동하지 않는 공인회계사가 4884명으로 집계됐다. 지난 2011년(4564명)에 비해 7퍼센트가량 증가한 것이다. 이들은 은행, 증권사, 신용평가사 등 금융기관은 물론 일반 기업체와 관공서로 진출해 근무하고 있다. 금융 검찰로 불리는 금융감독원에 근무하는 회계사는 230여 명에 달하며, 대검찰청 수사관 등으로 특별 채용돼 저축은행 비리 등 굵직한 사건의 수사에 참여하기도 한다.

경제가 발전하면 기업의 성장도 빨라진다. 기업이 지속적으로 성장하기 위해서는 재무 상황에 대한 적절한 평가와 개선 노력이 중요하다. 삼성전자의 경우, 매년 회계감사에 100여 명이 넘는 회계사들이 투입돼 꼼꼼하게 재무제표를 검토하고 평가한다.

국내에서 일자리를 창출하고 경제의 순환 효과를 최대화하는 데 있어 회계 업무의 중요성은 두말할 필요가 없다. 기업의 재무 상태가 건전하고 탄탄해야 사업을 확장하고 그에 따라 더 많은 일자리를 창출할 수 있기 때문이다. 그러므로 엄정한 회계감사는 필수이자 그 밑바탕이다. 저축은행 사태 등 일부 회계감사와 관련해서 잡음이 터져 나오고 회계법인 간의 저가 수임 경쟁 등 부작용도 생겨나고 있지만, 국내 회계법인이 성장하는 과정에서 생긴 한 번은 거쳐야 할 성장통으로 보인다.

현재 한국 회계법인들은 회계 업무의 질적 성장을 위해 끊임없이 고민하며 공존의 길을 모색하고 있다. 온실가스 에너지 검증 업무, FTA에 국내 기업이 잘 대응할 수 있도록 하는 자문 업무 등 새로운 분야로 영역을 확장하며 지속적으로 성장할 것이다. 그리고 회계사 고유의 업무, 즉 회계법인에서 혹은 금융기관, 기업체, 관공서에서 돈의 흐름을 철저히 분석하고 발생 가능한 회계 부정을 먼저 인지하여 이를 고발할 '경제의 파수꾼' 역할을 해 나갈 것으로 기대한다. 회계 업무가 지속적으로 발전하면서 한국 경제의 성장 대동맥이 10년, 20년 후에도 건강하게 뛰길 진심으로 바란다.

회계사, 아는 만큼 보인다

| 강동효 |

서강대 국어국문학과를 졸업한 뒤 2007년 서울경제신문사에 입사했다. 문화레저부의 출판, 공연 담당 기자를 거쳐 골프, 축구 담당 기자로 현장을 취재했다. 2011년부터 증권부로 이동해 주식, 선물·옵션, 채권, 기업금융, 회계법인 등을 맡아 취재하고 있다.

1. 회계사는 어떤 일을 하나요?

회계는 기업이나 가계에서 돈의 수입, 지출 등을 기록하고 관리하는 업무를 말합니다. 쉽게 말해, 집에서 어머니나 아버지가 쓰는 가계부를 떠올리면 됩니다. 일반 가정은 수입과 지출만 다루면 되지만, 기업은 주주와 투자자에게 자금 사정과 영업 실적, 벌어들인 돈의 흐름 등을 보여 줘야 하기 때문에 조금 복잡합니다.

기업이 작성하는 재무제표에는 자산과 부채 등 재무상태표와 더불어 매출, 비용, 영업이익, 순이익 등을 다룬 손익계산서가 포함됩니다. 또 기업의 자본이 얼마나 바뀌었는지를 다룬 자본변동표, 기업이 벌어들인 현금을 어떻게 사용하는지를 기록한 현금흐름표까지 폭넓게 작성됩니다. 기업의 재무제표는 일반적으로 재무부서의 직원들이 작성합니다. 하지만 기업 내부에서 작성한 재무제표를 외부의 투자자들이 곧이 곧대로 믿을 수 있을까요? 그래서 국가는 외부 회계감사를 법으로 지정해 놓았습니다. 건전한 투자를 활성화하고 기업의 성장을 도모하기 위한 목적이기도 합니다.

공인회계사의 업무 가운데 가장 기본이 바로 기업이 작성한 재무제표를 검토해 적정성 여부를 판단하는 것입니다. 공인회계사들은 기업의 재무제표를 살펴본 뒤 적정, 부적정, 한정, 거절 등의 의견을 제출합니다. 감사 의견이 적정일 경우는 재무제표가 회계기준에 맞게 제대로 작성됐다는 의미로 해당 기업이 주식시장에서 활동하는 데 아무 문제가 없습니다. 하지만 한정(회계 준칙에 따르지 않는 사항이 있지만 전체적으로 큰 영향을 미치지 않음), 부적정(재무제표가 왜곡됐음), 의견 거절(해당 기업이 감사보고서를 작성하는 데 필요한 자료를 제출하지 않아 의견 표명이 불가능함)일 경우는 해당 기업이 주식시장에서 퇴출되거나 채권 발행, 대출 등 신규 자금을 확충하기가 힘들어집니다. 기업 입장에서는 이런 제재를 받으면 돈줄이 막혀 버리기 때문에 재무제표를 허투루 작성할 수 없지요.

현재 국내법에서는 총 자산 규모가 100억 원 이상인 주식회사, 한국거래소에 상장된 유가증권과 코스닥 법인 등을 의무 감사대상으로 정해 놓았습니다. 그리고 회계감사를 할 수 있는 자격자는 현행법상 공인회계사밖에 없습니다. 외부 회계감사의 공정성과 전문성을 강화하기 위해 자격자를 회계법인(10인 이상의 공인회계사로 구성되며 자본금 5억 원 이상의 법인)이나 감사반(3인 이상의 공인회계사로 구성된 단체)으로 한정한 것입니다.

회계사의 기본 업무는 회계감사이지만 최근에는 세무 관련 업무와 컨설팅의 비중도 커지고 있습니다. 세무 관련 업무는 법인세, 소득세, 부가가치세 등 각종 세금 신고서의 작성을 돕거나 자문해 주는 서비스를 말합니다. 또 주식 관련 세무 계획과 자문, 해외 투자 관련 국제조세 자문, 세무조사를 대비한 세무 진단 등 세무와 관련된 폭넓은 업무를 다룹니다. 컨설팅은 기업의 경영 문제점을 파악하는 경영 진단, 다른 기업의 인수·합병 관련 자문 등 다양한 영역이 포함됩니다. 기업이 성장하면서 조직이 비대해지고 경영상의 비효율성이 커지는 경우가 많아 최근에는 컨설팅 관련 업무가 크게 늘고 있는 상황입니다.

2. 회계사와 세무사의 차이는 뭔가요?

세무사는 기업이나 개인이 조세에 대해 이의 신청을 할 때 대리 업무를 하거나 세금 관련 상담 등을 맡아 하는 전문직 종사자입니다. 그리고 공인회계사는 이러한 세무 업무뿐 아니라 외부 회계감사와 경영 컨설팅 등 폭넓은 영역의 업무를 할 수 있습니다. 쉽게 말해 공인회계사는 세무사이면서 다른 영역의 업무까지 할 수 있는 직업입니다.

그동안은 공인회계사 시험에 합격하면 세무사 자격을 자동으로 취득했습니다. 하지만 2011년에 세무사법이 개정되면서 2012년 공인회계사 시험 합격생부터는 세무사 자격을 자동으로 부여받지 못하게 됐습니다. 기존의 공인회계사는 세무 업무를 할 수 있지만 2012년 공인회계사 합격생부터는 세무사 자격증을 별도로 취득해야만 세무 업무를 전문적으로 할 수 있습니다.

한국공인회계사회 등 회계사 단체는 이와 관련해 "위헌 소지가 있다."며 강력히 반발하고 있지만, 사회가 복잡해지면서 공인회계사와 세무사의 분리가 필요하다는 지적도 나오고 있습니다. 경제가 지금처럼 복잡하지 않았던 지난 1961년 정부는 세무 인력을 충원하기 위해 회계사, 변호사, 석·박사 학위자, 조세 공무원 모두에게 세무사 자격증을 주었고, 이후 자동 부여했던 세무사 자격을 순차적으로 박탈했습니다. 현재는 세무사 자격시험에 합격한 사람과 변호사만이 세무사로서 업무를 할 수 있습니다.

조금 다른 이야기이지만, 1979년부터 정부는 공인회계사에게 경영지도사 자격도 자동으로 부여했습니다. 경영지도사는 한국산업인력공단에서 주최하는 국가자격증으로 기업의 경영 전반에 대해 컨설팅을 할 수 있는 일종의 면허입니다. 하지만 경제가 성장하고 사회가 복잡해지면서 1997년 공인회계사에게 경영지도사 자격증을 자동으로 부여하는 제도도 폐지됐지요.

3. 회계사가 되려면 어떻게 해야 하나요?

공인회계사가 되려면 금융감독원에서 시행하는 공인회계사 시험(KICPA) 1, 2차에 모두 합격해야 합니다. 시험은 성별, 학력에 관계없이 누구나 응시할 수 있지만 반드시 두 가지 조건을 갖춰야 합니다. 우선 대학이나 전문대학에서 회계학 및 세무 관련 과목을 12학점 이상, 경영학 과목을 9학점 이상, 경제학 과목을 3학점 이상 이수해야 합니다. 또 공인영어시험 성적이 필요한데 토플(TOEFL)은 IBT 기준으로 71점 이상, 토익(TOEIC)은 700점 이상, 텝스(TEPS)는 625점 이상이어야 합니다. 지난 2008년부터 2012년까지 공인회계사 시험 합격자들의 영어 성적을 분석해 보면, 평균 토익 성적이 784점으로 나타났으며 영어 고득점자의 합격 비율이 점점 높아지고 있는 추세입니다.

매년 2월경에 치러지는 공인회계사 1차 시험은 경영학, 경영원론,

상법, 세법개론, 회계학 등 5개 과목으로 모두 객관식이며 550점 만점입니다. 시험은 3교시로 나눠 치러지며 총 5시간 10분이 걸립니다. 1차 시험에 합격한 사람은 매년 6월쯤 치러지는 2차 시험에 응시할 수 있습니다. 해당 연도 2차 시험에 떨어지더라도 이듬해에 다시 1차 시험을 치를 필요 없이 2차 시험에 한 번 더 응시할 수 있습니다.

2차 시험은 모두 주관식이며 이틀에 걸쳐 치러집니다. 첫날에는 세법, 재무관리, 회계감사 과목을 6시간 동안 시험을 보며 둘째 날에는 원가회계, 재무회계 시험을 4시간 30분 동안 해결해야 합니다. 2차 시험의 배점 역시 550점 만점입니다. 2차 시험은 부분합격제도가 있는 게 특징입니다. 가령 2차 시험 과목 가운데 세법, 재무관리에서 합격점인 60점을 넘었지만 회계감사 51점, 원가회계 42점, 재무회계 58점을 받아 불합격했다면 다음 해에 세법, 재무관리 시험은 면제됩니다. 다시 말해 6할 이상을 득점한 과목은 다음 연도의 2차 시험에선 시험을 보지 않아도 됩니다. 최근 5년간 부분합격자의 최종 합격률은 69.3퍼센트였으며, 세 과목 이상 부분합격한 응시자의 경우 80퍼센트 이상이 이듬해에 최종 합격한 것으로 나타났습니다.

1차 시험은 서울, 부산, 대구, 광주, 대전에서 치러지고 2차 시험은 서울에서만 실시됩니다.

4. 회계사 시험을 보는 데 나이나 성별, 전공 제한은 없나요?

공인회계사 시험에는 매년 40~50대 최고령자 합격자들이 등장합니다. 2009년에는 최병구(52세, 서울대 졸)가 최고령으로 합격했고, 2010년에는 남동우(39세, 서울대 졸)가 가장 나이 많은 합격자로 이름을 올렸습니다. 2011년에는 이지형(40세, 중앙대 졸), 2012년에는 정애천(42세, 한성대 졸)이 최고령 합격자가 됐습니다.

최근에는 특히 여성 합격자들이 늘고 있는데요, 2012년에는 최고령 합격자인 정애천을 포함해 총 297명이 최종 합격의 기쁨을 누렸습니다. 2008년부터 2012년까지 5년 동안 공인회계사 합격자 4,888명 가운데 여성 합격자의 비율은 24.9퍼센트가량 됩니다.

최근 5년을 분석한 결과 평균 합격 연령은 만 26.3세입니다. 남자의 경우 만 26.8세였고 여자는 만 24.9세로 집계됐습니다. 또 평균 시험 준비 기간은 약 3.6년으로 나타났습니다. 지난 2008년에는 4.1년이었지만 2012년에는 3.5년으로 시험 준비 기간이 점점 줄어들고 있으며 5년 이상의 장기 준비생이 대폭 줄어드는 추세입니다.

합격자의 전공은 법학, 인문학 등 비상경 계열이 점점 늘어나고 있습니다. 지난 2008년 비상경 계열 합격자의 비중은 15.6퍼센트에 불과했지만 2012년에는 23.7퍼센트로 증가했습니다.

합격자의 소재지는 서울 등 수도권이 압도적으로 많습니다. 2012년 합격자 가운데 90.2퍼센트가 수도권 출신이었고 비수도권은 9.1퍼센트에 불과했습니다.

5. 4대 회계법인이 뭔가요?

2012년 3월 기준으로 금융위원회에 등록된 회계법인은 모두 125개 사입니다. 이 가운데 삼일, 안진, 삼정, 한영 등 4개 회계법인의 규모가 다른 회계법인과 비교해 워낙 커서 '4대 메이저' 또는 '빅4회계법인'으로 통칭합니다. 4대 회계법인 소속 공인회계사는 모두 4943명으로 전체 회계법인 소속 회계사의 58.4퍼센트를 차지합니다. 4대 회계법인의 2011년 매출은 1조 187억 원으로 전체 회계법인 매출의 55.3퍼센트를 차지합니다. 지난 2009년부터 2011년까지 공인회계사 시험 합격생 가운데 73퍼센트가 4대 회계법인에 취업해 연수를 받을 정도로 수습회계사 교육에도 큰 영향을 주고 있습니다. 4대 회계법인은 중소 회계법인보다 보수와 대우가 더 좋은 편이지만 업무 강도도 상대적으로 셉니다.

4대 회계법인을 하나씩 살펴보자면, 삼일회계법인은 1971년 라이부란회계법인으로 설립됐고 1977년 현재의 이름으로 개칭했습니다. 1998년 영국 글로벌 회계법인 프라이스워터하우스쿠퍼스 인터내셔널 (PricewaterhouseCoopers International)사와 업무 협약을 맺고 국제무역, 국제투자자문 등 글로벌 사업을 함께하고 있습니다. 2011년 기준으로 자본금은 105억 원이며 소속 공인회계사는 2492명입니다. 삼성전자, LG전자, 삼성생명, CJ제일제당, 한화, 국민은행 등 2257개 기업의 외부 회계감사를 담당하고 있습니다. 2011년 매출액은 4587억 원으로 국내 회계법인 가운데 가장 많습니다.

안진회계법인은 1986년 설립된 안암회계법인과 1987년 개업한 안진회계법인이 1990년에 합병한 뒤 현재의 이름으로 개칭했습니다. 1999년 세동경영회계법인, 2005년 하나회계법인을 차례로 합병하면서 덩치가 더욱 커졌습니다. 2002년에는 영국 딜로이트토치토마츠 리미티드 (Deloitte Touche Tohmatsu Limited)사와 업무 제휴를 해서 현재 마케팅, 품질관리 등의 업무를 협력하고 있습니다. 2011년 기준으로 자본금은 78억 원이며 소속 공인회계사는 744명입니다. 현대자동차, 삼성카드, 대우조선해양, 두산, 우리은행 등 1834개 기업의 외부 회계감사를 담당하고 있습니다. 2011년 매출액은 2505억 원으로 국내 회계법인 가운데 두 번째로 많습니다.

삼정회계법인은 1994년 설립됐고 2001년 스위스에 기반한 글로벌 회계법인 KPMG사와 업무 협약을 체결하여 지금의 KPMG삼정회계법인이 되었습니다. 2011년 기준으로 자본금은 75억 원이고 소속 공인회계사는 657명입니다. 신한은행, 현대중공업, 현대모비스, 롯데쇼핑, GS칼텍스 등 1254개 기업의 외부 회계감사를 담당하고 있습니다. 2011년 매출액은 1784억 원입니다.

한영회계법인은 1982년 오양회계법인으로 설립된 뒤 1985년 이화회계법인, 정한회계법인을 차례로 흡수 합병하며 회사명을 영화회계법인으로 변경했습니다. 1993년에는 동림회계법인을 합병했고 2005년 현재의 이름으로 개칭했습니다. 1989년에는 미국 회계법인 언스트앤영 글로벌(Ernst & Young Global)사와 업무 제휴를 맺었습니다. 다른 대형 회계법인들이 회계감사, 세무, 컨설팅 업무를 모두 취급하는 반면 한영회계법인은 2008년 언스트앤영 어드바이저리(Ernst & Young Advisory)란 회사를 세워 컨설팅 업무를 모두 넘겨준 상황입니다. 따라서 한영회계법인은 현재 회계와 세무 업무만 담당하고 있습니다. 자본금은 51억 원이며 공인회계사는 469명입니다. 하나은행, 한진, 삼성전기, 동양, SK이노베이션 등 1019개사의 외부 회계감사를 맡고 있습니다. 2011년 매출액은 1310억 원이고, 자회사인 언스트앤영 어드바이저리의 실적을 합치면 1799억 원입니다.

6. 회계사의 연봉은 얼마나 되나요?

공인회계사 시험에 합격하면 2년 동안 회계법인에서 수습회계사 과정을 거쳐야 합니다. 1, 2년차 수습회계사는 대략 4000만 원의 연봉과 상여금을 받습니다. 취업포털 잡코리아가 국내 매출 상위 500대 기업 180개사를 대상으로 '2012년 대졸 신입 연봉'을 조사한 결과 초임 연봉

평균이 3459만 원으로 집계된 만큼 수습회계사들의 연봉은 일반 대졸 사원보다 다소 높은 편입니다.

회계법인에서 5년 이상 근무하면 매니저로 승급되는데 연봉과 상여금을 합쳐 연간 7000만 원가량을 받습니다. 입사 후 7년이 넘으면 시니어매니저가 되며 연봉과 상여금은 연간 9000만 원가량 됩니다. 시니어매니저 이후에는 집행 임원인 디렉터가 될 수 있는데 연봉과 상여금은 1~2억 원가량 됩니다. 이보다 한 단계 위인 파트너(출자 임원)는 연봉이 2억 원을 넘습니다.

다만, 이것은 중대형 회계법인 위주로 계산된 연봉이며 소속 회계법인과 담당 업무 등에 따라 그 금액이 크게 차이가 날 수도 있습니다. 성과급이 많이 지급되면 우스갯소리로 "차 한 대 바꿀 정도(약 3000만 원)"라는 얘기도 나올 정도로 편차가 큽니다.

7. 회계사는 밤늦게까지 근무를 많이 한다던데 정말 그런가요?

회계법인의 주요 업무인 외부 회계감사를 담당하는 회계사들은 이른바 감사 시즌에 따라 업무 강도가 달라집니다. 국내 법인은 대다수가 12월에 실적을 결산하기 때문에 매년 12월 31일까지 재무제표를 작성합니다. 기업들이 재무제표를 완성하면 회계법인은 이를 검토해 적정, 부적정, 거절 등의 의견을 내게 됩니다. 기업들이 당기 재무제표와 관련해서 3월 31일까지 외부 감사를 받고 결과를 제출해야 하는 만큼 회계법인은 1~3월에 바쁩니다. 이 시기에는 야근도 잦고 업무 강도가 셉니다. 이후 비교적 정상적인 속도로 업무가 진행되다가 7~8월이 되면 또다시 바빠집니다. 기업들이 6월까지의 실적 결과를 바탕으로 반기보고서를 제출하는데 회계법인이 이를 검토해야 하기 때문입니다. 나머지 기간에도 프로젝트 등에 따라 바빠질 수 있지만 감사 시즌에 비하면 상대적으로 여유가 있습니다. 다만, 3월 결산법인(증권사, 보험사 등), 6월 결산법인, 9월 결산법인도 존재하는 만큼 어떤 기업의 외부 감사를 맡느냐에 따라 바쁜 시기가 달라지기도 합니다.

한편, 세무 업무를 담당하게 되면 5월 종합소득세 확정 신고를 위해 이 시기를 앞두고 업무가 많아지며, 컨설팅 업무를 맡게 되면 프로젝트에 따라 업무 강도가 높아지는 시기가 발생합니다.

8. 직업으로서 회계사의 매력은 뭔가요?

한 대형 회계법인의 파트너급 여성 임원에게 회계사 업무의 매력을 묻자 "숫자로 회사의 상태를 볼 수 있다."라고 답했습니다. 기업의 재무제표를 살펴보면, 이 기업이 '롱런(long-run)'할 수 있을지 아니면 별똥별처럼 사라질지를 알 수 있습니다. 부채가 증가하고 현금흐름이 나빠지는 기업은 오래 존속할 수 없습니다. 이익잉여금을 엉뚱한 데 집행하는 기업 역시 장수하기 어렵지요.

회계사의 매력은 기업의 재무제표를 보면서 미래를 예측하는 예언가이자 위험을 먼저 인식하고 경고해 주는 파수꾼 역할을 한다는 점입니다. 외화 환산 손실, 매도가능 금융자산 처분이익, 미지급 비용 증가 등 복잡한 용어로 쓰인 재무제표 항목을 보면서 기업의 자금이 어떻게 들어오고 어떻게 나가는지를 안다는 건 마치 암호문을 해독해 보물을 찾는 것과도 같습니다. 회계사는 기업이 생존하는 데 어떤 처방이 필요한지를 알려 주는 금융 의사 역할을 할 수도 있고, 기업의 부정을 찾아내 고발하는 금융 검찰 역할도 할 수 있습니다. 한마디로 회계사는 기업의 건전한 발전을 지원하는 사회의 밑거름이 된다는 점에서 보람을 느낄 수도 있겠지요.

사회의 효용 측면 외에 실용적 관점에서 보자면, 변호사나 의사와 마찬가지로 전문직 종사자로서 고용 불안에 시달리지 않아도 되는 점이 매력입니다. 회계법인을 그만두더라도 소규모의 로컬 회계법인을 개업할 수 있어 명예퇴직, 희망퇴직 등 40~50대 직장인이 가진 고민에서 벗어날 수 있다는 장점이 있습니다.

9. 회계사가 되면 애널리스트를 할 수 있나요?

증권사 애널리스트가 되기 위해 반드시 회계사 자격증이 필요한 것은 아닙니다. '금융투자분석사'라는 자격시험이 있으며 이 시험에 합격할 경우 애널리스트로 활약할 수 있습니다. 국내 증권사에서는 신입 사원 가운데 일부를 리서치센터에 배치해 애널리스트로 훈련시키거나 해당 직종의 경력을 가진 사람을 수시 채용해 애널리스트로 활용합니다. 경력 사원 채용을 예로 들자면, 삼성생명에서 4년간 근무해 보험업종에 대한 이해도가 높은 일반 경력 사원을 보험업종을 분석하는 애널리스트로 고용하는 사례가 있습니다.

최근에는 채권투자자가 큰 폭으로 늘어나고 있습니다. 특히 정부에서 발행하는 국고채뿐 아니라 일반 기업들이 발행하는 회사채 규모가 급증해 투자자들의 수요가 크게 증가했습니다. 채권애널리스트의 경우 기업의 재무 상태를 분석하는 업무가 중요하기 때문에 회계사 출신 애널리스트에 대한 선호도가 높습니다. 우리투자증권은 지난 2012년 FICC(채권, 상품, 통화)부서를 신설하며 채권애널리스트로 활용하기 위해 회계사 출신 경력자 10여 명을 신규 채용하기도 했습니다.

신용평가사 역시 애널리스트로 회계사 출신을 선호합니다. 신용평가사는 회사채를 발행하는 기업의 신용도를 평가해 AAA, AA, A, BBB, BB, B로 등급을 책정하는 업무를 담당하는 기업입니다. 다시 말해 투자자들에게 어떤 기업에 투자해도 좋을지, 투자했을 때 위험성은 얼마나 되는지 등의 정보를 제공하는 역할을 합니다. 기업의 재무분석을 담당하는 만큼 재무제표에 대한 이해력과 활용 능력이 뛰어난 회계사를 애널리스트로 고용하는 것을 선호합니다.

공인회계사가 되면 이처럼 증권사나 신용평가사의 애널리스트로 활약할 수 있는 길도 열리게 됩니다.

10. 미국 공인회계사(AICPA)는 무슨 일을 하나요?

미국 공인회계사는 미국공인회계사협회(American Institute of Certified Public Accountant)에서 시행하는 시험에 합격해 미국 기업들의 회계감사 업무를 할 수 있는 사람을 말합니다. 미국 공인회계사 자격을 취득하면 국내에서 컨설팅 자문과 국제조세 업무를 할 수 있지만, 국내 기업에 대한 회계감사를 할 수는 없습니다. 이 때문에 일반적인 공인회계사와 업무 영역이 다릅니다. 국내외 기업의 인수·합병, 외국 기업의 투자자문 등 컨설팅 업무와 자유무역협정(FTA)에 따른 조세 문제 등 국제조세 업무를 주로 담당하게 되지요.

국내 기업의 글로벌화가 진행되면서 최근 이 영역의 사업이 크게 확대되어 미국 공인회계사의 장점도 부각되고 있습니다. 또 회계법인뿐 아니라 골드만삭스, JP모건, 모건스탠리 등 다양한 투자은행에서 근무하기 쉽다는 장점도 있습니다.

미국 공인회계사 시험을 보려면 경영, 회계 관련 학점을 취득해야 하며 국내에서 대학을 나왔을 경우 학력평가(Evaluation) 과정을 거쳐야 합니다. 시험 과목은 재무회계(Financial Accounting & Reporting), 회계감사(Audit), 규정(Regulation) 등이며 모든 과목에서 100점 만점에 75점 이상을 받아야 합격됩니다. 시험은 미국 내에서 영어로만 치를 수 있습니다. 국내 응시자들은 대부분 비용이 적게 드는 미국 자치령 괌에서 응시하는 편입니다.

11. 최근 우리나라가 국제회계기준을 채택했다는데, 그게 뭔가요?

만약 삼성전자가 미국의 투자자들에게서 돈을 빌리려면 어떻게 해야 할까요? 먼저 투자자들에게 자금의 흐름과 손익 계산을 담은 재무제표를 공개하고 자금의 사용처를 알려야 합니다. 하지만 재무제표가 한국에서만 통용되는 방식으로 작성됐고 미국의 투자자 입장에서 신뢰할 수 없다면 어떻게 할까요? 삼성전자는 미국에서 자금을 빌리기 위해 미국 방식의 재무제표를 새로 작성해서 미국 회계법인의 검토를 받은 뒤에야 투자자들에게 자금을 빌릴 수 있을 것입니다.

국제회계기준(IFRS, International Financial Reporting Standards)은 이런 불편함을 없애자는 취지에서 도입됐습니다. 2000년 5월 국제증권감독위원회에서 국제회계기준위원회(IASC, International Accounting Standards Committee)가 규정한 회계기준을 단일한 기준으로 채택할 것을 제안했고 우리나라는 2009년부터 순차적으로 도입해 2012년부터 모든 기업이 이 기준으로 재무제표를 작성하고 있습니다.

그동안 사용했던 회계기준과 국제회계기준은 뭐가 다를까요? 가장 큰 차이점은 개별재무제표 대신 연결재무제표를 사용한다는 점입니다. 연결재무제표는 지배와 종속 관계에 있는 기업의 재무제표를 하나로 묶어 작성한 것입니다. 예를 들면 삼성전자는 삼성디스플레이, 메디슨

헬스케어, 스테코 등 연결 대상으로 지정된 자회사가 160개이므로 재무제표를 작성할 때 이들 기업을 모두 굴비처럼 둘둘 엮습니다.

연결재무제표를 강제하는 이유는 지배 기업이 계열사에 손실을 강제로 떠넘겨 수익성을 과장하지 못하도록 하기 위해서입니다. 가령 A기업의 올해 영업 손실이 50억 원가량 발생할 상황이라고 가정해 봅시다. A기업은 올해 적자를 막기 위해 자회사인 B업체를 악의적으로 이용할 수 있습니다. A기업은 그동안 B업체에 개당 1000원에 넘겨줬던 상품의 가격을 2000원으로 두 배 인상해 버립니다. A기업 입장에서는 수익이 두 배 이상 증가하며 흑자를 기록할 수 있는 반면 B업체는 손실을 모두 떠안아 적자 발생의 위험에 처하게 됩니다. 개별재무제표를 사용하면 이런 문제점이 발생할 수 있지만, 연결재무제표를 사용하면 위의 거래는 내부거래로 계산돼 A기업의 수익과 B업체의 손실이 서로 상쇄됩니다. 한마디로 연결재무제표가 좀 더 투명한 재무 상황을 보여 줄 수 있는 것이지요.

또 국제회계기준은 자산과 부채를 실질적으로 평가할 수 있는 공정가치평가 등을 도입한 게 특징입니다. 다만, 우리나라의 경우 환율 변동의 위험에 노출된 건설, 조선업종 등의 부채가 과도하게 계산되는 측면이 있어 국제회계기준에 따른 재무제표가 불리할 수 있다는 의견도 있습니다.

국제회계기준은 현재 한국을 비롯해 130여 개 국가에서 채택해 사용하고 있지만 미국과 일본은 도입하지 않았습니다. 미국과 일본은 국제회계기준을 도입할 경우 자국 기업의 비용 부담과 혼란 등 피해가 예상된다는 이유에서 기존의 '일반적으로 인정된 회계원칙(GAAP, Generally Accepted Accounting Principles)'을 아직 고집하고 있습니다.

12. 회계사의 직업 전망은 어떤가요?

2012년 3월 기준으로 한국공인회계사회에 등록된 공인회계사는 총 1만 4986명입니다. 2010년 1만 3332명, 2011년 1만 4070명에서 꾸준히 늘어나고 있는 추세입니다. 취업률도 꾸준히 높아지고 있습니다. 금융감독원에 따르면, 지난 2009년부터 2011년까지 3년 동안 재학생, 군입대자를 제외한 공인회계사 최종 합격자의 92.2퍼센트가 합격 후 1년 이내에 취업한 것으로 나타났습니다. 특히 2011년에는 취업률이 97.1퍼센트에 달했습니다.

높은 취업률이 말해 주듯 경제 시장 전반에서 공인회계사의 수요가 증가하고 있어 직업으로서 매력이 높지요. 경제가 성장하면서 재무와 회계 중요성이 커졌고, 사회가 복잡해지면서 재무제표 작성에 전문성을 요구하게 됐습니다. 증권사, 은행, 신용평가사 등 금융업체는 물론 일반 기업체와 관공서에서도 현재 회계사 채용을 늘리고 있습니다. 이런 영향으로 공인회계사 가운데 32.6퍼센트가량이 회계법인이 아닌 다른 영역에서 활약하고 있습니다.

사회가 빠르게 변화하고 기술이 발전하면서 직업에 대한 선호도와 전망도 변화하고 있습니다. 신문팔이, 뱃사공, 방물장수, 인력거꾼 등 과거에 흥했다가 현재 사라진 직업들은 사회의 변화와 발전으로 그 필요성이 사라졌기 때문입니다. 그러나 '공인회계사'라는 직업이 수행하는 업무의 중요성과 가치는 앞으로 더욱 커질 것으로 보입니다. 우리나라 경제가 지속적으로 성장하면서 기업의 재무 중요성은 더욱 커질 것이며 회계사의 전문성과 특수성은 더욱 확대될 것이기 때문이지요. 회계사는 미래가 기대되는 유망한 전문직으로 전망됩니다.

공인회계사 관련 참고할 만한 사이트

구분	홈페이지
공인회계사시험	http://cpa.fss.or.kr
국제회계사연맹	http://www.ifac.org
금융감독원	http://www.fss.or.kr
한국공인회계사 감사반연합회	http://www.cpas.or.kr
한국공인회계사회	http://www.kicpa.or.kr
한국관리회계학회	http://www.maak.or.kr
한국국제회계학회	http://www.kiaa.or.kr
한국회계기준원	http://www.kasb.or.kr
한국회계정보학회	http://www.kaia-edu.or.kr
한국회계학회	http://www.kaa-edu.or.kr